小児科医「ふらいと先生」が教える

みんなで守る子ども性被害

今西洋介

集英社インターナショナル

はじめに

今西洋介です。医療活動や研究の傍《かたわ》ら、SNSのX（旧 Twitter）では、「ふらいと@小児科医・新生児科医」〈@doctor_nw〉のアカウントでさまざまな情報発信をしています。小児医療の現場や研究の最前線と、子育て中の親御さんとをつなぎ、正しい情報を伝えたいからです。この本も、そのひとつとして書き下ろしました。

小児性被害は、私が今後、長く取り組んでいくテーマのひとつになるでしょう。私はこれまで性暴力を受けた子どもの支援を多く行ってきました。性被害を受けた子どもを扱うNPOを支援し、ときには活動の広報を担うこともあります。ほかには、同じ小児科や産科の医療者とともに、政治主導の小児性暴力ワンストップセンターの調整に尽力しています。性暴力にはさまざまな専門家がいますが、小児医療からのアプローチも不可欠です。こんなにも、子どもの健やかな成長と発達を残酷な形で阻《はば》むものがあるでしょうか。子どもの病気には、先天性のものも含め避けられないものが多くあります。それらと、性被害が子どもに与える影響とはまったく違います。小児性被害とは、子どもの未熟さ、脆弱《ぜいじゃく》さにつけ込み、歪《ゆが》んだ欲求を満たそうとする人物によって一方的にもたらされるものだからです。

性被害に遭った子どもには支援とケアが必要で、小児科医としてできることはたくさんあります。けれどもそれだけでは、小児性暴力を減らすことも、撲滅することもできません。その子を襲った加害者が社会で生きていれば、また別の子どもが被害に遭う可能性があります。

私自身が、子どもを性の対象とする大人の存在をはっきりと感じたのは、10年以上前のことです。当時2歳だった娘を公衆浴場に連れていき、一緒に男湯の湯船につかっていたところ、あきらかに娘を見ている男がいました。それが親子をほほえましく見守る目でないことは、すぐにわかります。こんなに幼い子を性の対象にする人間がいるということを、理屈ではなく空気で知った瞬間でした。

私が小児性暴力撲滅を願うのは、医療者として、そして3人の子をもつ父としてです。さらにもうひとつ、私は公衆衛生学も専門としています。病気や、人々の健康を損なうものの一因が社会や環境にあるのではないかと考える学問で、健康増進、疾病《しっぺい》予防のために社会へどうアプローチすべきかを調査・研究します。

私が川辺にいるのを想像してください。川に流されてきた人がいるので、私は助けて救命処置をします。そのそばから、また人が流れてきたので、同じように処置します。そしたら、さらに人が……となると、一人ひとりに対処するのでは埒《らち》があきません。「上流で何か起きているのではないか」と考えて、それを突き止め、人が流されないための対策を練る——これが公衆衛生学です。

先述したように、性加害者は社会で普通に生活しています。また、小児性暴力には被害が一度で終わらず継続しやすいという特徴があります。加害者にそれをさせている要因も、社会にあります。小児性暴力が現に発生しているこの社会を見ずして、減らすことも撲滅することもできないと、私は考えているのです。

本書では、国内外の調査・研究であきらかになっていることを紹介します。エビデンスにもとづいた科学的な視点で小児性暴力とは何か、どんな対策があるかを掘り下げていきます。社会を変える第一歩は、小児性暴力の実態について「大人が知ること」にある。一緒に知り、自分に何ができるかを考えていきましょう。

もくじ

装画＝くぼあやこ
装丁＝川名潤
構成＝三浦ゆえ
図版作成＝アトリエ・プラン

本書には性暴力についての
具体的な事例・事件や描写が含まれています。

LESSON 1

子どもの性被害はめずらしい？
うちの子は大丈夫？

「あるはずがない」という誤解

小児性被害をこの世からなくしたい――。私はいたるところでそんな話をしているのですが、そうするとこんなリアクションがよくあります。

「えっ、小児性被害なんて本当にあるの？」

「性被害に遭う子なんて、めずらしいんでしょ？」

もうこのフレーズを何度聞いたかわからないほどです。驚くことに、私と同じ小児科医の口から聞いたこともあります。彼らがこれまで診《み》てきた子どもたちのなかにきっと、いえ間違いなく、性被害を受けたことのある子どもはいたでしょうし、これから診察することもあると、私は断言できます。

小児性被害は長らく表に出てこなかった問題で、よほど意識しないかぎり「見えない」ものです。近年になってようやく、子どもへの性暴力事件についての報道を見聞きする機会が増えたと感じます。胸が痛むニュースが連日つづくこともあります。けれど、それは氷山の一角、いえ、正確にはその一角のごく一部だと思ってよいかもしれません。小児性暴力とは、特別な場所で、特別な子どもに降りかかることではなく、私たちのすぐ身近で、日常的に起きていることです。

子育て中の人、特にお母さんたちの小児性被害に対する関心は高まっていると感じます。私はPTAなどから招かれて学校で小児性被害についての講演を行ってきましたが、講演を聞いての感想として、「知らないことばかりだった」「これまで誤解していることが多かった」などの声が寄せられました。それなりに関心をもっているお母さんたちでも、実態は予想を上回っていたということです。

小児性被害は知られていない、または「あるはずがない」と思われている――。それはもしかすると、子どもとは守られるべき存在であり、あらゆる暴力の対象であっていいはずがないという考えにもとづいたものかもしれません。そんなことをする大人は「酷《ひど》すぎる」「信じられない」と誰もが思いたいものです。言うまでもなく、子どもは守られなくてはなりません。それは、大人によってです。

しかし悲しいかな、現に性暴力の被害に遭う子どもたちが今日もこの国のどこかに必ずいます。これからお話ししていくことになりますが、幼いほどそれを性暴力だと認識できないため、何度もくり返し被害に遭う可能性まであるのです。

多くの大人が、少なくともわが子のことは守りたいと思っているはずです。ですが、**守るといっても、何をどうしていいかも、どこから手をつけていいかも、わからないのではないでしょうか。**自分たちだって誰からも教わったことがないので、それはある意味、当然のことです。かといって、子どもを四六時中そばに置いておくわけにはいきません。成長するにつれ、子どもの行動範囲は広がり、自分の足で親の目が届かないところにも出かけていくようになります。

小児性被害予防の第一歩――それは、私たち大人が、小児性被害は「ある」ものだとしっかり認識することにあります。その前提のもと、性暴力と被害の実態、そして加害者の実態を知らなければ、子どもを守れません。

若者の4人に1人が経験あり

小児性暴力の実態を知るための調査研究は、国内外で行われています。まずは世界24カ国にわたる55の研究を、システマティックレビューという手法を用いて分析した結果から紹介します。

この研究では、18歳までのあいだに女子の8〜31%と、男子の3〜17%が、何らかの性被害を経験していると判明しました。同時に、100人中9人の女子と、3人の男子が不同意性交、いわゆるレイプの被害者となっていることも示されました。[*1]これは、多くの人が考えている以上に、小児性暴力は一般的なものであり、被害者数も多いことの裏づけになると思います。

次に、内閣府男女共同参画局が若年層を対象に行った調査について、「令和3年度　若年層の性暴力被害の実態に関するオンラインアンケート及びヒアリング結果」を見てみましょう。ここでいう若年層とは16〜24歳の男女および性的マイノリティです。また、性暴力を次の5つに分類しています。

- 言葉による性暴力
- 視覚による性暴力
- 身体接触を伴う性暴力

・性交を伴う性暴力
・情報ツールを用いた性暴力

性暴力というと、レイプや、痴漢を含む強制的なわいせつ行為といったものを思い浮かべる人が多いと思います。しかし、それだけにとどまりません。「同意のない性的な行為」すべてが性暴力であり、身体的な接触がなくとも、性的な言動をされる／させられることは、子どもの未熟な心身に大きなダメージを与えます。卑猥なことを言われる、ＡＶや性行為を見せられるなども性暴力です。

また、近年はデジタル性暴力といわれる、スマートフォンやゲーム機などのデジタル端末を使用し、インターネットをとおして行われる性暴力が急増しています。子どもや若者が特に狙われやすいことからも、迅速かつ適切な対策が求められていますが、これについてもLESSON 4で詳しく解説します。ここではまず、性暴力は多岐にわたり、レイプや強制わいせつだけを想定していると見落としてしまう被害がたくさんあることを覚えておいてください。

さて、同調査の結果、回答者６２２４人のうち、被害に遭遇したことがあると答えたのは１６４４人でした。これは全体の26・４％、つまり**若年層の４人に１人は性被害経験があることになります。**右記の分類による遭遇率を表したのが**図１－１**です。

「被害経験がある」と回答した人にしぼって、さらに掘り下げて調べた結果も公開されています。それによると、「最も深刻な／深刻だった性暴力被害に最初にあった年齢」は、16～18歳が32・７％と最も多く、次いで13～15歳の24・０％でした（図１－２）。18歳未満も未成年ですし子どもといってもいい年齢ですが、**ここでは０～15歳に特に注目したいと思います。その年代で被害に遭った人は、全体の42・２％でした。０～６歳の未就学児も全体の２・５％います。**みなさんはこの数字をどう受け止めるでしょうか。

「ないこと」にされてきた理由

「そんな幼い子を性的対象にするのは信じがたい」と感じられるのも無理はありません。しかし、被害は現実に起きています。

図1-1　性暴力5分類への遭遇率

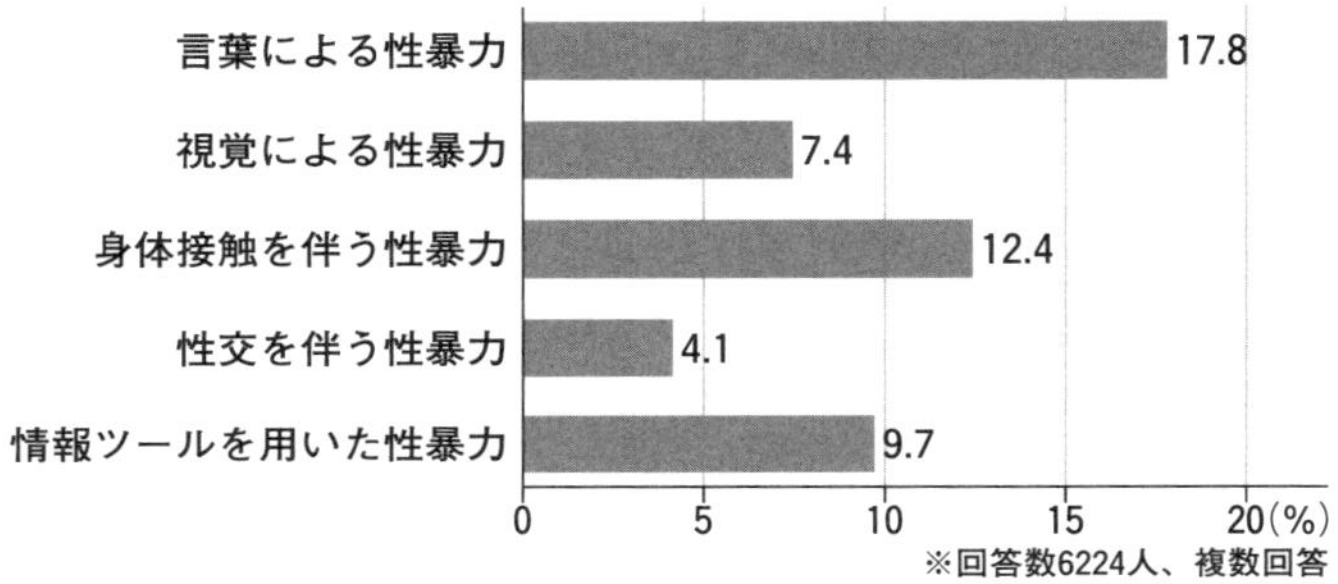

出典：内閣府男女共同参画局「若年層の性暴力被害の実態に関するオンラインアンケート及びヒアリング結果」（令和３年度）
https://www.gender.go.jp/policy/no_violence/e-vaw/chousa/pdf/r04_houkoku/01.pdf

図1-2　最も深刻な／深刻だった性暴力被害に最初に遭った年齢

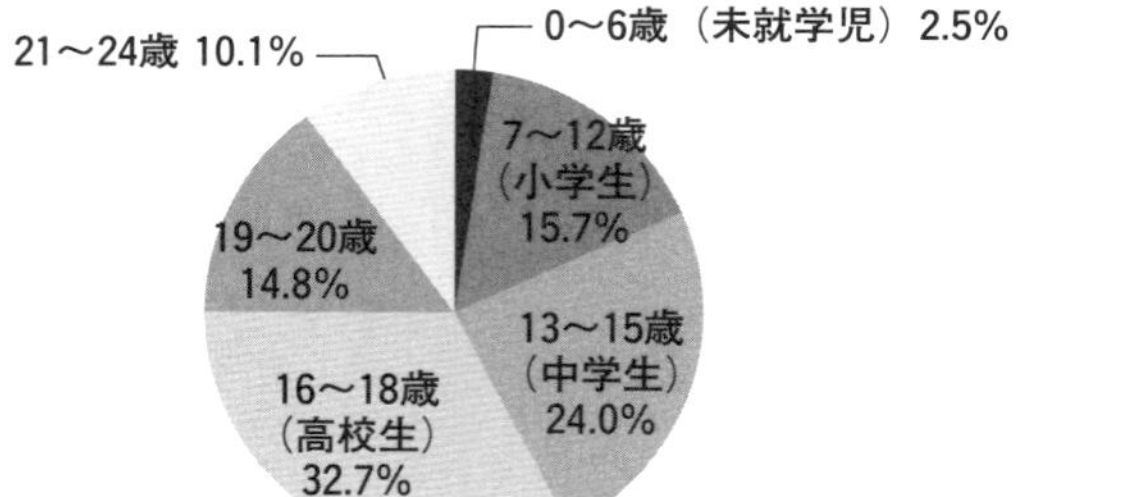

出典：内閣府男女共同参画局「若年層の性暴力被害の実態に関するオンラインアンケート及びヒアリング結果」（令和３年度）
https://www.gender.go.jp/policy/no_violence/e-vaw/chousa/pdf/r04_houkoku/01.pdf

２０２４年1月には、20代の男が乳児院で2歳にもならない女児に性加害し、行為を自身のスマホで撮影していたことが明らかになり、逮捕されました。報道によると、男はスマホなどに20人以上の女児の動画を保管していたようです。[*2] その20人への性加害の程度はわかりませんが、相手の同意なく体の性的な部位や下着などを撮影する行為も、性暴力です。男には乳児院のほか保育施設にも勤務経験があったということですから、未就学児ばかりを狙っていたと推測できます。

先ほど挙げた、0～6歳のときの被害が全体の2・5％という数字を鵜呑《うの》みにはできません。子どもは年齢が低ければ低いほど、性被害に遭っても、それが何であるか、どんな意味をもつものかを理解できず、「性被害である」とは認識できないものです。親や周囲の大人に、何をどう訴えればいいのかもわかりません。それを踏まえると、被害を受けたことのある未就学児の割合は、いま挙げた数字よりはるかに多いと考えるのが妥当です。

図1-1、1-2の数字はいずれも、自分で「認識」できている被害経験についてのものです。水面下には、被害を認識できていない子どもや、認識できないまま大人になった人がたくさんいます。**みなさんがより知りたいのは、「全国で**

どのくらいの数の子どもが実際に被害に遭っているのか、または遭ってきたのか」でしょう。しかし、それをあきらかにするのは、むずかしいのです。

性暴力の統計には、暗数がつきものです。暗数とは、統計にあらわれる数と実際の数とのあいだにある〝差〟のことで、犯罪に関する統計では、警察ほか関係省庁が認知している犯罪件数と、現実に社会で起きている件数とのあいだには必ず差が生じます。なかでも性暴力は特に差が大きいといわれています。いまお話ししたとおり、被害を認識できない、あるいは被害に遭ったことを恥じるなどして警察はおろか家族や学校の教員、知人・友人など誰にも言えないと思うのが、性暴力による被害の特徴です。**対象となる年齢が下がるほど暗数が大きくなることは、想像にかたくないでしょう。**

警察庁による「令和3年における少年非行、児童虐待及び子供の性被害の状況」という調査報告があり、警察が検挙した、子どもへの性的虐待の件数の推移を見ることができます（図1－3）。2017年では169件だったのが、2021年には339件となり、右肩上がりではあるものの、いずれも年間3桁にとどまっています。この数字を覚えておいてください。

図1-3 警察が検挙した子どもへの性的虐待の件数

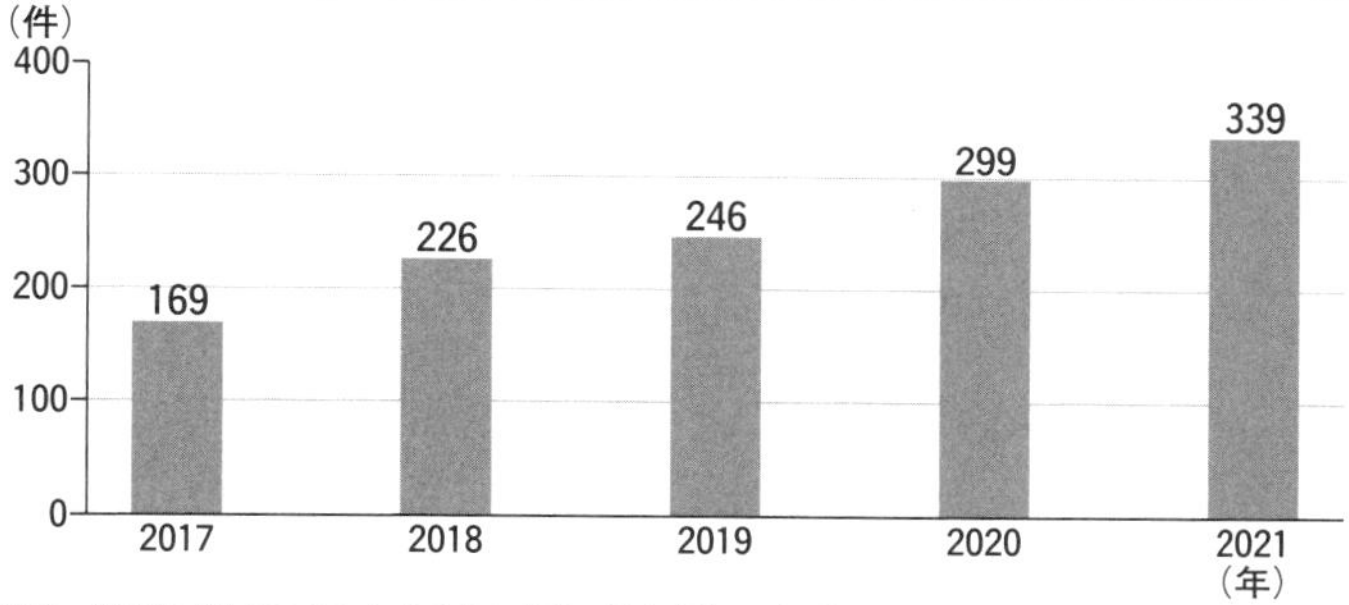

出典:警察庁「令和3年における少年非行、児童虐待及び子供の性被害の状況」
https://www.npa.go.jp/bureau/safetylife/syonen/csv-r3-syonenhikoujyokyo.csv
(2024年2月1日最終閲覧)

もうひとつ、児童への性的虐待についての調査資料を紹介します。こども家庭庁による「令和4年度 児童相談所における児童虐待相談対応件数(速報値)」です。ここに示したのは、児童相談所(以下、児相)における虐待相談の内容別件数の推移です(図1-4)。警察庁発表の調査と同じく、2017~2021年の期間に着目すると、こちらも同じく右肩上がりですが、お気づきでしょうか。件数がまさに〝ケタ違い〟なのです。**全国の児相の現場では、年間数千件の性的虐待が相談され、おそらく今後も増えていくと見込まれます。**

児相に相談された虐待がそのまま事件

とみなされ、加害者が警察に検挙されるわけではありません。両者の数字に開きがあるのは、当然です。また、児相の相談件数には当然、警察からの通告も含まれます。残念ながらその内訳はあきらかにされていないので、児相への相談件数をもとに議論するのは必ずしも正しいとはいえません。

しかしここで重要なのは、両者の件数に10倍近くの差があることです。先に挙げた、警察による検挙件数だけを見て、「なんだ、小児性被害はないわけではないけれど、数は多くないんだ」と受け取るのは間違いです。かといって、「児相の相談件数＝日本で起きている小児性被

図1-4　児童相談所の性的虐待相談件数

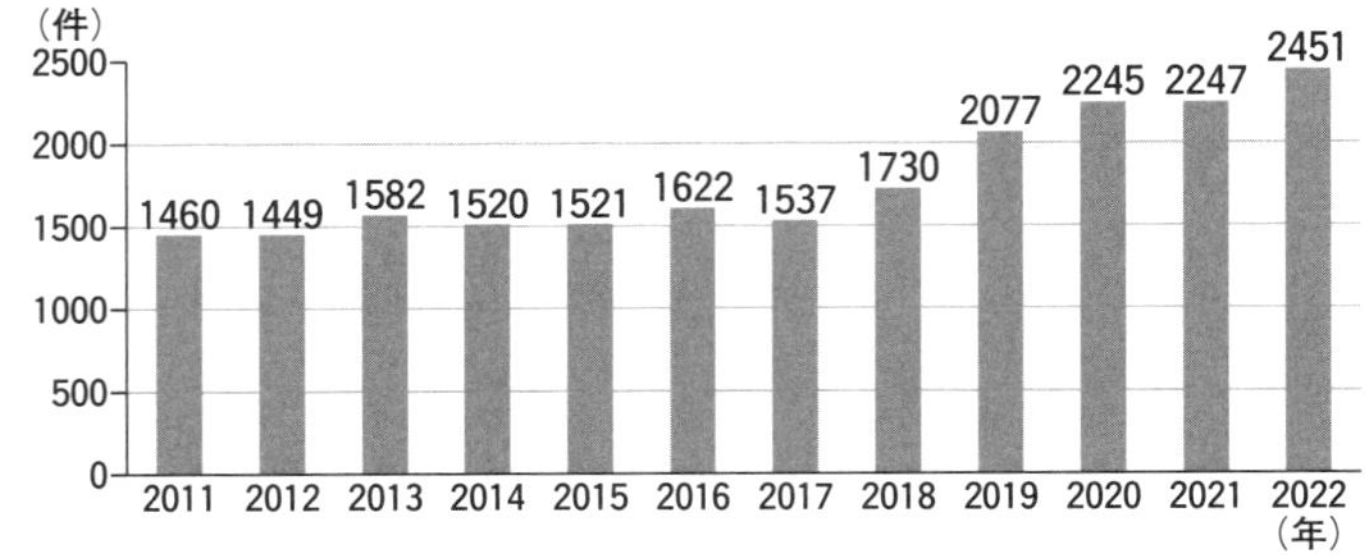

出典：こども家庭庁「令和４年度 児童相談所における児童虐待相談対応件数（速報値）」
https://www.cfa.go.jp/assets/contents/node/basic_page/field_ref_resources/a176de99-390e-4065-a7fb-fe569ab2450c/12d7a89f/20230401_policies_jidougyakutai_19.pdf

害の数」ということにもなりません。日本では小児性被害の全国調査が実施されておらず、かぎりなく実態に近い数値が把握できない状態がつづいています。

取りこぼされる子どもたち

さらに、**「推定で、1日1000人以上の子どもが何らかの性被害に遭っている」とする調査もあります。**この数字は、厚生労働省の「潜在化していた性的虐待の把握および実態に関する調査（令和2年度）」で試算されたものです。ここでいう性被害には痴漢被害も含まれるため、児相に相談される性的虐待よりも、さらに広義のものを指しています。*3

私もこの数値を見たときは、とんでもないことが起きていると衝撃を受けました。「さすがに多すぎではないか……」と思い、小児性被害を多く担当する弁護士の知り合い何人かに質問してみました。すると、「体感として、この数字はリアリティがある」と返ってきて、二度目の衝撃を受けたのです。

小児性被害に暗数が大きいのは世界共通の現象で、WHO（世界保健機構）も、

「当局に報告されるのは氷山の一角」だと明言しています。世界中の９９０万人の子どもを対象とした３２３の研究を、いろいろな角度から分析した結果、小児性被害の世界的な蔓延率は12・７％（女子18・０％、男子７・６％）であると判明しました。[*4] これにより、小児性暴力がめずらしいことではなく、むしろ人口のかなりの部分に影響を与えているものだとわかりました。今後も、さまざまな調査研究や、それによって導き出されたデータを駆使することで、暗数をできるだけ小さくし、小児性暴力の実態に迫れるようになってほしいです。

かといって、「大規模な疫学調査を早々に実施すればいい」という単純な話でもありません。疫学調査とは、ある病気や事象の発生頻度や分布、なぜそのような頻度や分布になるのかを統計学にもとづいて調査することです。

くり返しになりますが、子どもは年齢が低いほど、自分の身に起きていることが性被害なのだと認識できません。周囲の大人に訴えるための言葉も持ちません。そして後述しますが、加害者が身近な人間である場合、子どもは言葉巧みに手なずけられる〝グルーミング〟の渦中にいることが多く、一種のマインドコントロールにかかった状態です。それゆえに、被害に遭っているにもかかわらず、子どもは加害者を守ろうと口をつぐみます。

こうした理由から、子どもを軸にした疫学調査はとてもむずかしいのです。しかし、いえ、だからこそ、子どもの性被害の数を少なく見積もってはいけません。**「ない」「とてもめずらしい」ことを前提に、法律や被害者支援の制度が設計されると、そこから取りこぼされる子どもが少なからず出てきます。**そうならないように考えるのが、親をはじめ、私たち小児科医、そして児相、教育関係者など、子どもとダイレクトにかかわる大人の役割だと思います。

「パパの毒キノコを食べるのがイヤ」

私たち大人には、どうしても先入観というものがあります。思い込みといってもいいでしょう。これを完全に取り除くのはむずかしいものです。しかし先入観というフィルターを外せば、同じ物事を前にしても見え方が大きく違ってきます。

フィルターが分厚ければ、まったく目に入らなくなるものもあるでしょう。

「小児性被害って本当にあるの？」「あるとしても、すごくめずらしいことでしょ?」というのも、フィルターのひとつです。これがあると、**身近に性被害を受けている子どもがいても気づけない、あるいは子どもが発するかすかなサインを見落としてしまうということが起こります。**さらに悪い場合は、目の前で起きていることをそのまま受け止めずに無視したり否定したり、あるいは自分の先入観に合わせてねじ曲げたりします。「子どものほうから誘うこともある」「最近の子どもは性的に乱れている」などと信じているのは、そういう人たちです。

私は以前、警察の講演で、女子児童が「パパの毒キノコを食べるのがイヤ」と何度も母親に訴えたけれど、ちっとも取り合ってもらえなかったという事例を聞きました。母親は、娘と父親が「白雪姫」のような物語にのっとって、ごっこ遊びをしているのだろうと思っていたのです。実際その女児は、父親から口腔《こうくう》性交を強制されており、母親がサインを受け止められなかったことから、被害は継続しました。当時は自分が何をさせられたのかわからなかった娘も、思春期になって自分が性的虐待をされていたと気づいた……という話でした。

母親が娘の言わんとすることに気づき、父娘のあいだに早期介入していれば、性被害が少なくとも長期継続はしなかった可能性があります。「父親が幼い娘に性行為を強いる」ということを積極的に想像したい人はいないでしょう。まして、自分の夫と自分の娘です。けれど、小児性被害についての知識があれば、子どもが幼いながらも精いっぱいのサインを送ってきたときに、キャッチできる可能性は高まります。サインを受け止めてもらえない子どもの気持ちを考えると、すべての大人が「ない」「めずらしい」という先入観を捨て、小児性被害を察知し、すぐに対応できる社会にシフトしていかなければならないと思います。

なぜ、早い察知と対応が必要かというと、小児性被害はこの事例のように継続しやすく、長期に及ぶことがあるからです。子どもは被害を受けた時点でトラウマを抱えます。一度の性被害でも、その後の人生に与える影響は計り知れません。基本的には被害の回数とトラウマの深刻さには相関関係がないといわれています。ですが、長期間にわたってくり返される被害が何の影響も及ぼさないということは、絶対にないのです。身体のあらゆる病気と同じく、小児性被害も早期発見・早期治療が大事ということは広く知られてほしいと願います。

先入観や思い込みは個人的な考えのようでいて、実は社会で多くの人が共有している価値観をインストールしたものです。ですから、気づかなかった個人がただ悪いという話ではありません。社会全体が小児性被害についての認識を一刻も早く新たにすることが、いま求められています。大人ひとりが知ることで身近な子どもが救われる可能性は十分にあります。

ジャニーズ性加害問題が示す現実

代表的な思い込みのひとつが、「小児性被害の対象となるのは、女の子である」です。長らく、男児は性被害に遭わないと多くの人が思ってきました。しかし、この〝常識〟に大きな風穴をあけた出来事が、2023年にありました。

それは、ジャニー喜多川（故人）が生前に行っていた性加害への、本格的な追及がはじまったことです。男性タレントのみで一大芸能事務所を築いた彼による、所属タレント、しかも小中学生への性加害が、数々の告発によって明るみに出ました。旧ジャニーズ事務所も、性加害があったと認めました。

これは非常にショッキングな事件であると同時に、歴史的な出来事だったともいえます。タブー視されつづけてきた男児、男性への性加害が「あるのだ」とはっきり示されたからです。

芸能界という特殊な世界の話ではありません。タレントになるような、目立つ容姿の男の子にだけ起きることでもありません。男児の性被害は、学校や塾、習いごとなど、身近なところで起きています。家庭で起きていることすらあります。

学校に招かれて、保護者を対象に小児性被害についての講演をするときに、特にお母さんたちから「息子が将来、加害者にならないためにはどうすればいいか」という質問が出ます。誰にでも性暴力の加害者になりうる可能性がある、という意識はとても大切ですし、予防には学校や家庭における性教育が不可欠です。しかしそれと同時に、男の子は幼いときほど性被害を受けるケースが少なくないということも、常に念頭に置いてほしいと思います。ここまでにもお話ししてきたとおり、「そんなことあるわけがない」という思い込みは、被害の発見を遅らせ、子どもの傷を深くし、加害者を見逃すことにつながります。

先ほど、性被害に遭っている子どもの数は1日1000人というショッキングな推計を紹介しました。さらに詳しく見ると、年間で女児が31万6066人、そして男子が7万2272人も被害に遭っているという試算になっています。「少ない」とみなしていい数字ではないでしょう。

男の子の性被害は、女児のそれ以上に表に出てきにくいものです。理由のひとつに、男児は女児以上に「何をされているかわからない」ことがあります。それは、男児の小児性被害においても、加害者のほとんどが男性だからです。警察庁生活安全局少年課による「令和2年における少年非行、児童虐待及び子供の性被害の状況について」によると、子どもに性的虐待をした加害者のうち男性が293人、女性が12人でした。被害を受けた子どもの性別はあきらかではありませんが、男児もほとんどが男性から被害を受けていると見て間違いありません。

また、やや古い研究になりますが、アメリカで1998年に発表された包括的な調査では、少年への性被害に関するさまざまな情報が提供されました。少年に性加害をするのは、「知り合いではあるが、血縁関係のない」男性である傾向が強く、多くの場合は家庭外で発生し、性交を伴い、一度では終わらず複数回に及んでいました。[*5]

年長の男性から子どもへの加害行為は、性的接触という目的を隠し、親切を装って近づいたり、親しい関係性を築いたりする〝グルーミング〟を伴います。教員、スポーツの指導者、やさしい親戚のおじさん、ゲームが上手な年上のお兄さんといった人物が、子どもからの信頼や好意、あこがれにつけ込んで加害行為に及びます。これは女児を対象としたときもよく使われる手口ですが、男児への性加害では特に多いといわれています。

なかには、自分は目上の男性から認められたのだとポジティブな体験として受け取り、加害されていることにすら気づかない子どももいます。それでも、これはトラウマ体験として子どもに残ります。生涯を通じてグルーミングというマインドコントロールの影響下にいられることはなく、どこかの時点で「幼いころのあれは、男性からの性被害だったのだ」と気づきます。

女の子は小さいうちから、「知らない人に気をつけて」と教えられ、保護者も常に目を光らせています。もっとも、「知らない人」への警戒だけでは性暴力予防としては不十分なのですが、それでも周りの大人が被害を受けづらい状況をつくり出しておけば、加害者はうかつに近づけません。それに比べて男児に注意と警戒を促す機会は、女児と比べると大幅に少ないといわざるをえません。

保護者のみなさんとお話ししていても、「うちは男の子だから心配ない」「女の子のおうちはたいへんね」という言葉をよく聞きます。その考えはいますぐに捨てましょう。**男児を対象とした性加害者のなかには、「女の子はガードが固いから、ガードがゆるい男の子を狙う」といって憚《はばか》らない人がいるのも事実です。**

打ち明けられない男児の苦悩

〝同性からの加害〟がほとんどという実態も、男児の性被害を見えにくくしている原因のひとつです。海外の研究では、男の子は女の子に輪をかけて、性被害の経験をみずから打ち明けることが少ないとわかっています。[*6]日本では、内閣府男女共同参画局の「男女間における暴力に関する調査報告書（令和2年度調査）」に「無理やりに性交等をされた被害の相談経験」という項目があり、それによると「相談しなかった」と答えたのは、女性のうち約6割、男性のうち約7割でした。[*7]

男性が被害を相談しないのには、さまざまな理由があるでしょう。第一に考えられるのが、「自分は同性愛者になってしまったのではないか」という不安です。**同性と性的接触をもつことは、同性愛者であることを意味しません。**ましてや、その接触は同意なく行われたものです。けれど被害者となった男の子たちの多くが、みずからそう思い込み、人に知られてはならないと胸にしまい込みます。「相談したら、相手は自分のことを同性愛者だと思うのではないか」という心配から、口を閉ざす選択しかできなくなるのです。

ひとつ付け加えるなら、同性愛者のあいだでも性暴力はあります。ただ、少なくとも日本では「同性愛者間による性暴力」はほとんど調査されていません。そのため実態は不明ですし、被害届を出したり告発したりといった形で表に出てくるケースは、異性愛者間の性暴力以上に少ないはずです。その理由は、日本社会にまだまだ性的少数者への偏見があるからに尽きるでしょう。警察に被害を申告し、事情聴取を受ければ、どこかの段階で自分が同性愛者であることを明かさなければなりません。望んでいないタイミング、相手へのカミングアウトは、人の尊厳にかかわります。異性愛者にも同性愛者にも、性暴力被害に遭っていい人などひとりもいません。すべての被害者が被害を打ち明けやすく、いち早く支援とケアにつながる社会が求められます。

話を男児の性被害に戻しましょう。性暴力に遭った苦痛に、「同性愛者になってしまった／そうみなされるかもしれない」という悩みが加わり、「このことを誰にも知られてはいけない」とひとりで抱えてゆく人生は、過酷です。

また、加害者の性別を問わず男児の性被害には、快感や勃起、射精という身体反応を伴うことがあります。これも、被害を被害と認識するのを阻む、大きな要因です。女児の被害も快感を伴うことはありますが、男児には勃起、射精など自他ともにはっきりわかる身体反応があるため、加害者から、「お前も楽しんでいたはずだ」と言われることもあります。**大人がしっかり覚えておきたいのは、快感があったとしても被害は被害だということです。**

矛盾していると思われるでしょうか。快感は物理的な刺激に対する肉体の反応であり、それ以上でもそれ以下でもありません。鼻の穴にこよりを入れると、くしゃみが出るのと同じで、そこに意思は関係ありません。それをもって、被害に遭った男児がその後長期間にわたって「自分も望んでいたのではないか」「本当にイヤなら、射精はしなかったんじゃないか」という考えにとらわれることを想像すると、やりきれないものがあります。特に加害者が女性である場合、事実を誰かに打ち明けると「いい思いをしたな」「うらやましい」といったリアクションも多いため、被害者もより強く「あれは被害ではなかった」と思うようになります。でも、本当はイヤだった。自分の尊厳が踏みにじられてしまった。そのことにフタをして生きると、いつかバランスが崩れて心身に不調があらわれます。

性暴力への理解がない社会は、こんなふうに被害者を追い詰め、口を塞《ふさ》ぎます。**その性行為が暴力であるか否かは、「同意の有無」を基準に判断されるべきものです。快感があったかどうかは、関係ありません。**

性被害の認識しやすさ、打ち明けやすさには、ほかにも加害者との関係や家庭環境などいろいろな要素がかかわっています。社会のあり方も重要な要素です。「性暴力＝同意のない、すべての性的言動」ということが周知された社会のほうが、性被害を受けたと認識しやすいのは間違いありません。なぜなら、快感があったとしても、男児本人が「でも自分はしたくなかった、これは暴力だ」と認識できるからです。また、性的マイノリティへの理解がある社会では、男性も「同性愛者だと思われたらイヤだな」とためらうことなく被害を誰かに打ち明けたり、被害届を出せたりするでしょう。

加えて、「弱い」ことを男らしくない、情けないとみなす風潮が強い社会では、男性は、性被害はもちろん、どんな被害でも口にするのをためらいます。被害に遭うこと自体が、男らしさのイメージから外れるのです。

性被害についての誤解のひとつに、「本当にイヤなら抵抗できたはずだ」というものがあります。女性に対してもよくいわれますが、男性は腕力が比較的あるぶん、この言葉が特に刺さるでしょう。しかし、子どもは身体的にも脆弱ですし、先述したように小児性暴力の多くはグルーミングを利用して行われます。成人でも社会的な力関係を利用した――つまり〝逆らえない〟相手からの性暴力に対して、抵抗するのはまず無理です。**性暴力被害は被害者が弱いから起きるものではなく、加害者の欲望が歪んでいるから起きるものです。**

男性に過度な男らしさを求め、泣いたり、弱みを見せたり、愚痴をこぼしたりといったことを許さない社会は本来、性被害を受けた人だけでなく、ほとんどの男性にとってしんどいものだと思います。

表に出てこない被害の数がある

ここからは、どのくらいの男児が小児性暴力の犠牲になっているのかをデータで見てみましょう。実のところ、性被害を受けた子どもの男女比は、世界各国のデータでも開きがあります。[*8] ２００９年に、22ヵ国で行われた調査による65件の研究を分析したところ、18歳になる前に男の子の７・９％、女の子の19・７％が性被害に遭っていたと報告されました。[*9] **現在のところ小児性被害者の男女比は、およそ1：2という認識が世界の通説となっています。**

これが日本だとどうなるでしょう。被害時の年齢はいったん脇に置き、まず性被害者の男女比を確認します。法務省による「令和5年版 犯罪白書」では、強制性交等・強制わいせつ（当時）の認知件数と被害発生率（人口10万人あたりの認知件数）について、２０１３〜２０２２年の推移があきらかにされています（図1-5、1-6）。２０１６年までは、男性の「強制性交等」が空欄となっていますが、これについてはあとで解説します。

強制性交等における被害発生率は、対象期間をとおして女性の平均が約２・０であるのに対して、男性が約０・１。強制わいせつにおいては、女性の平均が約８・５、男性は約０・３です。つまり男性の被害は、強制性交等で女性の約20分の1、強制わいせつで約28分の1となり、開きは著しく大きいといえます。認知件数というのは、警察などの捜査機関によって犯罪の発生が認知された数です。これまで見てきたように、日本では性被害に遭っても警察に届けない人のほうが多いのです。暗数がどれだけか正確にはわかりません。ただ先ほど解説したように、男性の性被害がよりタブー視されてきた歴史を考えると、男性のほうが泣き寝入りし、表に出てこない被害の割合が高いと考えられます。世界のデータとのギャップも、日本は男性の性被害がより認識しにくく、より届け出づらい社会だから、といえるでしょう。

昨今は、この暗数をできるだけ掘り出し、性被害の実態に迫るための試みが、各所でなされています。NHKが2022年に行った、性暴力被害についての大規模オンライン調査では、3万8000件を超える回答が集まり、回答者の性別は女性が91・3%、Xジェンダー（性自認が男女のどちらでもない人）が5・4%、男性が1・1%という内訳でした。[*10]

では、男児はどの年齢で性被害に遭いやすいのでしょうか。内閣府男女共同参画局「男女間における暴力に関する調査（令和2年度調査）」では、「無理矢やりに

図1-5　強制性交等の認知件数・被害発生率

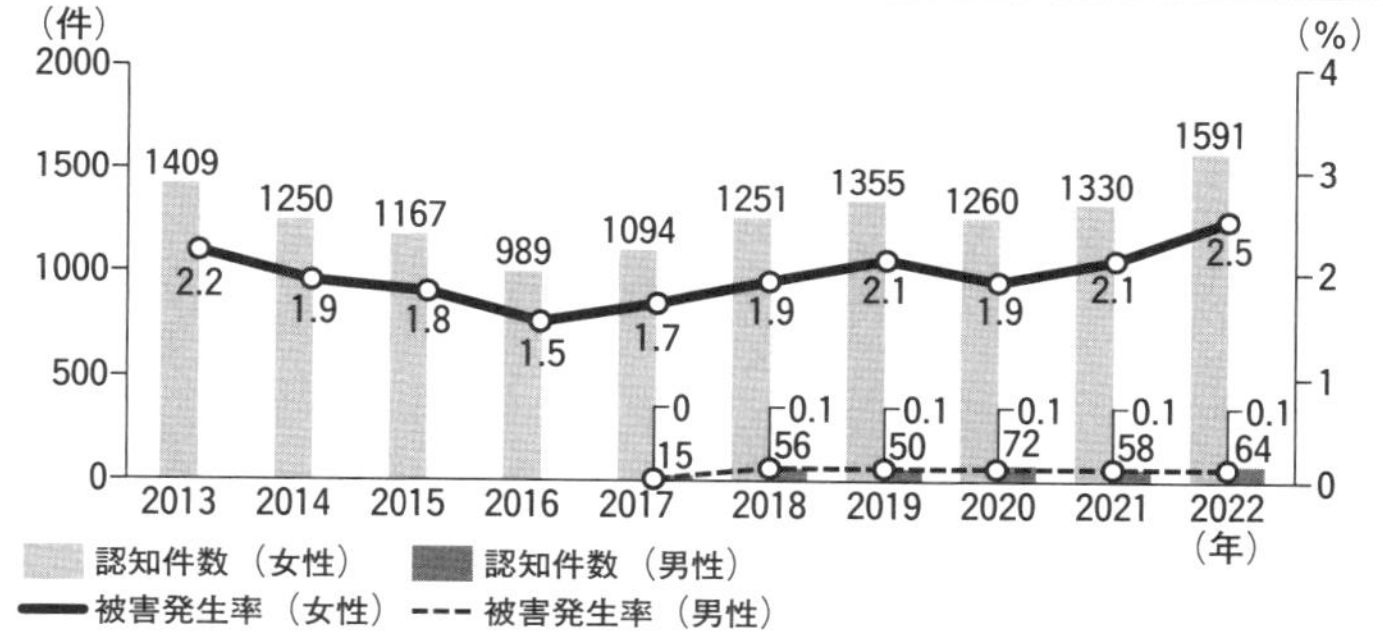

※被害発生率は人口10万人あたりの被害件数

出典：法務省「令和５年版 犯罪白書」第６編／第１章／第３節「性犯罪被害」

図1-6　強制わいせつの認知件数・被害発生率

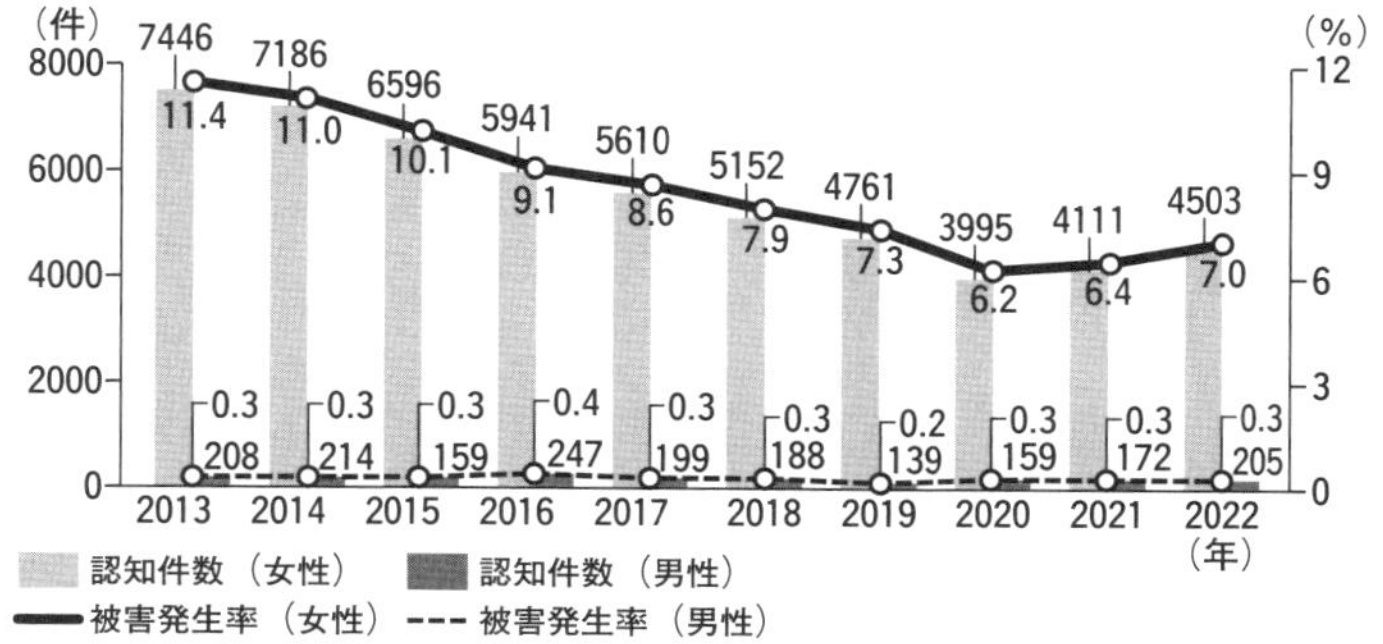

※被害発生率は人口10万人あたりの被害件数

出典：法務省「令和５年版 犯罪白書」第６編／第１章／第３節「性犯罪被害」

性交等をされた」被害に遭った経験を、男女別に尋ねています（複数回答可、図1-7）。男女とも、20代にピークがありますが、ここで特に注目したいのは、「小学生のとき」〜「18歳・19歳」です。この年代で被害に遭った男子の割合は、女子の同時期と比べて高い数値を出しています。このことから、男性の被害年齢は総じて、女性のそれと比べて低いといえます。第二次性徴前の男児であれば、見た目が女児とあまり変わらないためターゲットにするという加害者もいるため[*11]、年齢が低いうちほど、周囲の大人はより気をつけたほうがいいとわかります。

報告されている数が少ないからといって、起きている数も少ないとはかぎらないということは、ここまで読んでくださったみなさんならもうおわかりでしょう。

日本で男児の性被害が見えにくくなっているもうひとつの背景として、忘れてはならないのが「法律」です。

刑法には、何が性犯罪にあたるのかを決める「性犯罪規定」があります。かつての強姦罪——現在の「不同意性交等罪」にあたりますが、これは「暴行又は脅迫を用いて、女子を姦淫した者は、二年以上の有期懲役に処する」と定められていました。**被害者となりうるのは、「女子」だけであるとはっきり示されている**

図1-7　性被害に遭った時期

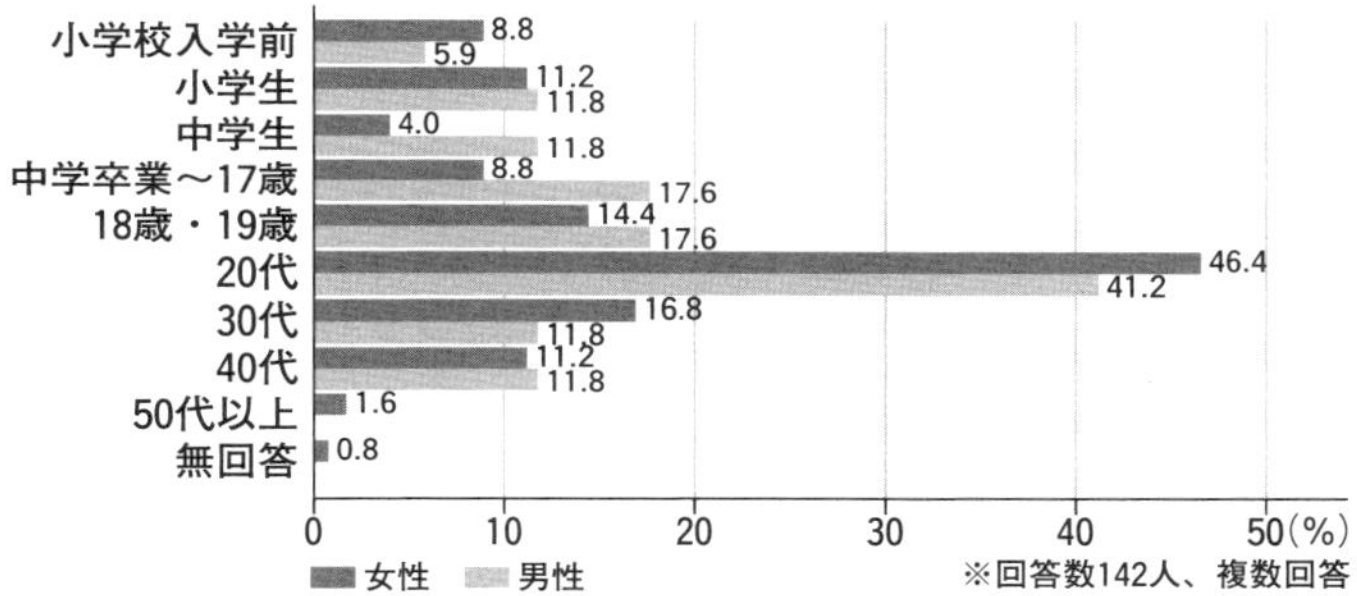

出典：内閣府男女共同参画局「男女間における暴力に関する調査（令和２年度調査）」
https://www.gender.go.jp/policy/no_violence/e-vaw/chousa/r02_boryoku_cyousa.html

のです。なぜかというと、「姦淫《かんいん》」とは「男性の陰茎《いんけい》を女性の膣《ちつ》に挿入すること」だったからです。規定は明治40年にあたる1907年に制定されたまま、110年間変わりませんでした。強〝姦〟罪という罪名からも、女性のみを対象としていることがわかります。

挿入を伴わない強制わいせつ罪においては、明治時代からすでに男性も被害者として想定されていました。つまり、男性が肛門に陰茎を挿入されても、強姦罪には問えず、強制わいせつとして扱われていたのです。たしかに、陰茎を女性の膣に挿入した場合、女性には妊娠のリスクが発生します。しかしそれをもって、

「陰茎を肛門に挿入されてもダメージは小さい」ということにはなりません。

また、女性も肛門や口（男性の場合も）に陰茎を挿入された場合は、強姦にはあたりませんでした。膣ではないから、妊娠の可能性がないからといって、被害が小さいとはなりません。家族から長期間にわたって口腔性交を強いられていた女児が、口にものを入れることに抵抗を感じて、摂食障害になったというケースもあります。他者から同意なく身体を侵襲《しんしゅう》されるというのは、そうなっても何らおかしくないくらい深刻なことです。

「男の子なら大丈夫」は危険

明治といえば、イエ制度が国家の根幹をなしていて、そこでは女性の身体・貞操は家長に属するものでした。父親か、夫の所有物だったのです。そのうえ、性暴力の実態もよくわかっていませんでした。当然ですが、トラウマやPTSDなどの言葉もありません。そんな時代につくられた法律が、110年間も変わらずにいたとは信じがたいことです。2017年、「強姦」は「強制性交等罪」とあらためられ、対象の行為も「性交、肛門性交または口腔性交」と規定し直されました。**この法改正は、男性も被害者だと認められるようになったという意味において、たいへん画期的でした。図1-5**で2017年から男性の強制性交等罪の認知件数が記録されるようになったのは、そういうわけなのです。

また、膣（女性の場合）、肛門、口に、陰茎以外の異物を挿入されても、長らく強姦（強制性交）ではなく強制わいせつとして扱われてきました。しかし、少し想像力を働かせれば、挿入されたものが陰茎でなければ被害者の受けるダメージが少なくなるということはない、とわかります。そもそも、幼い子どもであれば、挿入されたのが陰茎か、指なのか、他の異物なのかは区別がつきません。成人でも判別がむずかしいケースは少なくないでしょう。

10歳にもならないうちに義父から挿入を伴う性被害を受けたという女性の裁判では、義父側が「挿入したのは自身の性器ではなく指だ」と主張したそうです。もしそうであれば強制性交罪（当時）ではなく強制わいせつ罪となり、刑罰も軽くなります。裁判で被害者は「挿入されたのが男性器だと思った根拠」をくり返し問われたそうです。[*12] こんな残酷なことがあるでしょうか。

挿入するものが陰茎にかぎられるとなると、女性は強姦の加害者にはなりません。数は多くはありませんが、女性から女性への、異物挿入を伴う性暴力はあります。これもまた長らく、「ないこと」にされてきたものでした。

２０２３年に刑法が再度改正され、異物の挿入が陰茎の挿入と同じく「不同意性交等罪」として扱われることになりました。法律が性被害の実態に沿うようアップデートをはじめたのは、つい最近のことなのです。

そうした背景もあって、これまで笑い話にされたり「ないこと」にされたり、とかく軽視されてきた男児の性被害の扱いが、いま転換期を迎えています。**小児性被害は「子どもが脆弱性を利用され、被害に遭う」ことを軸に考えるべきで、そこに性別は関係ありません。**被害後の影響については、性被害に遭った子どもが発症するPTSDに、男女差があるかを調査した28個の研究を、複合的に検証した論文があります。そこでは性被害とPTSDの関連性は「性別に関係なく」存在すると結論づけられています。[*13]

男児の性被害への対策は、女児のそれ以上に遅れていると思います。「男の子なら大丈夫」という考えが、子どもを危険にさらしかねないことを、まずは保護者と、子どもに接する職業の人たちに知ってほしいです。

小児性被害の予防はLESSON 6~7で取り上げますので、ここでは簡単に記しますが、男児にかぎっていうと、家庭ではお父さんがキーマンになるでしょう。女性の保護者の多くは、すでに高い危機管理能力をもっています。それは悲しいことに、それまでの人生でお母さんたちのほとんどが大小何らかの性被害に遭ったり、危ない思いをしたり、性被害に遭わないために気をつけるよう教えられたりしてきたからです。

「男の子だから大丈夫」という理由で、外出先でひとりでトイレに行かせたり、銭湯にひとりで入らせたりといったことは避けるべきです。もちろん、家族だけでそれをするのは限界があります。SNSで、小学校低学年の男児を子育て中のシングルマザーが、「銭湯や温泉で、息子をひとりで男湯に行かせられない」と嘆いているのを見ました。親の目が届かないところでも、周りにいる大人が目を光らせ、子どもを見守っていれば、加害者は子どもに近づけないし、行動に移せません。〝自衛〟は強いてはいけないものであると同時に、限界があります。社会全体で子どもを守っていくべきです。

子どもが被害を「告白」したら

小児性被害に対して大人の理解を深めなければならない理由とは、とりもなおさず被害を受けている子どもを早期発見し、早期のケアにつなげるためです。

早期発見の手段として最も有効なのは、被害現場の目撃と、子どもからの開示——つまり子どもみずから「被害を受けたよ」と訴えてくるか、明らかにそうとわかる言動があるか、です。加害者は、発覚しないために手を尽くします。子どもへの性加害は、発覚すればすぐに犯罪として扱われますから、慎重に慎重を重ねます。よって現場が他者に目撃される可能性は大きいとはいえません。

2023年3月に発表された「神奈川県児童相談所における性的虐待調査報告書（第5回）」によると、**児相であきらかになった性的虐待は、「子どもの告白」によるものが最も多く、全体の約7割を占めていました。**同調査ではこの結果に添えて、性的虐待とは「『子どもの告白』がないと発見されにくい虐待種別であることが分かる」と明記しています。[*14]

ただ、この調査の対象は小学生と中学生が中心です。それより年下である未就学児が、「性被害を受けている」とはっきり認識することも、そうとわかる形で大人に伝えることも、非常に稀《まれ》です。告白を受ける大人の、察知する能力に左右されることもあります。

では、年齢を重ねるほど性被害を開示するようになるかというと、そんなことはありません。アメリカで思春期の女性263人を対象に「性被害の開示」について調査したところ、7〜13歳の子は6歳以下の子に比べると、被害を受けて1カ月以内に成人に伝える割合が高いという結果が出ました。これが14歳以上になると、成人ではなく仲間に伝えるようになります。[*15]

スウェーデンでも開示についての調査が行われています。それによると、思春期の被害者のうち、40%が自分の経験を同世代の仲間には話した一方で、大人の専門家に話したのはわずか8・3%でした。[*16]

専門的知識や豊富な経験値をもって被害者の支援にあたる——ここには私のような小児科医も含まれますが、相手が専門家であっても、子どもはみずからの口で性被害を開示しようとは思いづらいという傾向が見られます。大人よりも身近な友人関係を重んじ、信頼するのは思春期にはよくあることです。

それでも、小学生のあいだは、ほかの年代と比べて大人に開示する率が高い――。これらの調査でわかった事実を、私はポジティブに受け止めたいと思います。つまり、子どもたちが打ち明けてくれる可能性はあるということだからです。**少なくとも親・保護者と、子どもにかかわる職業に就く人たちは、〝聞く〟準備をし、聞いたあとにどう行動するのが適切かを知っておくべきです。**

性被害を打ち明けられたとき、大人のほうが驚いて、どう対応していいかわからなくなるのは、よくあることです。身近な子、大切に想う子が被害に遭って動揺するのは、なんらおかしいことではありません。ですが、このときの大人の対応によっては、子どもの傷がさらに深まることもあります。自分がその事実を受け入れられないあまり、子どもの開示を反射的に否定したり、「あそこには行っちゃダメだっていったでしょ！」「なんで寄り道したんだ!?」と責めたりといったことが起こりえます。開示したその瞬間から、ケアがはじまるべきであるにもかかわらず、逆の結果を招くことになりかねないリアクションです。

インターネットで「政府広報オンライン　こどもを性被害から守るために周囲の大人ができること」[*17]と検索してください。そこには開示されたとき、大人がすべきこと、とるべき態度、かけるべき言葉が解説されています。

何をされているのかわからない

被害に遭ったという認識をもてない――これは性暴力に特有の現象です。お腹を強く殴られて「これは被害なのかどうかわからない」と迷う人はいないでしょう。財布を盗まれたことに気づいて、「被害というほどのものなのかな？」と首をかしげる人がいるとも考えられません。

これが性暴力となると、大人でも「被害に遭った」とすぐに認識できなくなります。不思議でしょうか。殺人はいうまでもなく、殴る・蹴るなどは、いついかなる場合でも暴力であり、犯罪とみなすべきものであるという認識が、社会にいきわたっています。人の財布を盗む・万引きする・脅したり騙したりして金銭を奪うのは犯罪である。これも〝常識〟でしょう。一方で性行為は、親密な関係の相手と同意のうえであれば楽しい時間となり、愛情表現にもなるのに対し、同意のない状態でなされたとき、それは人の尊厳を踏みにじる暴力となります。同じ行為でも、相手や時、場合によって、意味合いが正反対といっていいほどに変わることから、「被害かどうかわからない」という混乱が生じます。

子どもの場合、性についての知識と経験をまだ身につけておらず、同意しようがありません。よって、すべて暴力です。そしてこの未熟さ、知識のなさが、被害を受けていながら「何をされているかわからない」という状態をもたらし、それが「自分は性被害に遭ったのだ」という認識をもちにくくさせています。

日本では特に、諸外国と比べて性教育の遅れが指摘されています。一般的に中学1年生で受精や着床といった妊娠のメカニズムを学びますが、国が定める学習指導要領に「妊娠の経過は取り扱わないものとする」と明記されています。妊娠の経過=性行為です。それを抜きにして妊娠の仕組みだけを教えるとなると、現場の教員や養護教諭のみなさんは、さぞ苦労されているでしょう。弊害はいくつも考えられますが、そのうちのひとつが、被害に遭っているときに「何をされているかわからない」ということです。

ここで、性被害当事者らによって運営されている一般社団法人Spring《スプリング》が、2020年にオンライン上で行った「性被害の実態調査アンケート」の報告を紹介します。同調査では寄せられた5899件の被害報告を、「挿入を伴う」「身体に触れる」「撮影」「見させられた」の4項目に分けて、分析しました。

被害に遭った時点で、すぐに「これは性被害」だと認識できたか――「いいえ」と答えたのは全体の約52%でした。特に、挿入を伴う被害では割合が高く、約64%が被害認識をもてなかったと回答しています。*18

最中や直後に認識できなくとも、時間が経《た》って自分が経験したことをふり返ったり、なんらかの情報に触れたりすることで、「あれは性被害だった」とわかるケースはよくあります。しかし、それまでに長い年月を要することも、この調査によりわかっています。**被害認識にかかった年数は、全体の平均で約7年でした。**これも挿入を伴う被害が最も長く、約7・5年です。20年以上、30年以上経ってやっと被害認識をもてた人もめずらしくはありません。

記憶を失うこともある

被害認識をもてるかもてないかは、被害時の状態によっても変わります。どういう意味かというと、被害の最中に、自分の身に対して行われていることをどう受け止めていたのか、どのような状態にあったのかが、大きく影響するということです。Springの調査では、「被害時に回答者がどのような状態であったか」も尋ねています。全回答をとおして見ると、以下の回答がトップ3でした。

- 予想していない言動があって驚いた／どう反応してよいか分からなかった／身体が動かなかった
- あなたは自分に行われていることが何か、良く分からない状態だった
- 怖くて身体が動かなかった

「本当にイヤだったら抵抗できたはず」とは、性暴力にまつわる典型的な誤解です。これらの回答を見ると、**被害者は抵抗はおろか、とっさの判断もできない状**

態に置かれ、恐怖で身動きできないでいることがよくわかります。

さらにここから、「0～12歳」で「挿入を伴う被害」に遭った人の回答に絞ると、この「良く分からない状態」が約8割を占めます。加害者の属性を「親」「親の恋人・親族」である場合の被害に絞ったときも、被害時の状態として最も多い回答は「良く分からない状態」でした。

同調査では、この「良く分からない状態」について、「被害者は、性被害を実際に受けたとき、それをすぐに『性被害』として認識できるわけではない。性被害や性行為について十分な知識がない状態でそれらに遭遇したとき、被害者はそれらを十分に認識することができない」ことだと解説しています。

子ども本人が、自分の身に何が起きたかを理解できないのですから、被害認識はもちようがありません。「こんなことがあった」と大人に報告することも不可能です。もし仮に、ここ日本でも子どもたちが3歳ぐらいからプライベートパーツを教えられているのだとしたら、話は違ってきます。**プライベートパーツとは性器、胸、おしり、そして口といった、他人が同意なく見たり触ったり、あるいは見せられたり触らせられたりしてはいけない場所のこと**で、幼い子どもにはわかりやすく「水着を着たときに隠れる場所」と説明することが多いです。

「自分のプライベートパーツを触られたり見せるように言われたり、相手のプライベートパーツに触らせられたり見るように言われたりしたら、イヤだと言っていいんだよ」「秘密だよといわれても、大人に話していいんだよ」という、理想的な性教育をしっかり受けていたら、幼い子どもでも被害の最中に、「いま自分は、イヤなことをされている」「あってはならないことが、起きている」と認識できます。そのあとで大人に、「こんなことをされた」と子どもなりの表現で伝えてくれる可能性もあるでしょう。そのような教育がほとんど行われておらず、被害認識をもてないままでいると、その子はまた同じ被害に遭うかもしれません。

ちなみに、「被害認識をもてない＝性暴力の影響がない」という意味ではありません。性的な意味合いがわからなくとも、いえ、わからないからこそ極めて不快で、不可解で、おそろしい思いをするのです。それはトラウマ体験となり、子どもの心と身体に大きすぎるダメージを残します。原因を特定できないほうがしんどいと感じられることもあります。

もうひとつ、性被害に共通する現象に、被害に遭った経験の一部、あるいはすべての記憶を失う、思い出せない、というものが挙げられます。Springの調査に寄せられた回答によると、**被害の記憶を失ったと回答したのは全体の約22%。そして被害後、記憶が戻るまでにかかった時間は、平均で約10年でした。**20年、30年かかってやっと記憶を取り戻した人たちもいます。自分が親となって子育てをするなかで、わが子が、自分が被害を受けたのと同じくらいの年になったのをきっかけに、記憶がよみがえる人、なんの脈絡もなくある日突然、被害の場面がフラッシュバックする人。それ自体がたいへんつらい経験であることはあきらかで、その衝撃から日常生活を送れなくなることも少なくありません。

一般人口サンプルにおける、幼少期の性被害の遅延記憶を調べた研究がありま す。それによると、性被害を受けたことがあると報告した参加者のうち42%が、「データ収集時よりも被害の記憶が薄れた時期があった」と述べていることがわかっています。[*19] 別の研究では、虐待開始時の年齢が若いほど、被害の記憶喪失のレベルが高い傾向があり、また、被害の頻度が高いほど、解離症状が強くなって記憶に影響を及ぼす可能性があるという結果が出ました。[*20] 解離とは、強いストレスやトラウマが引き金になって、意識や記憶、思考、感情、知覚などが停止してしまう状態のことです。さらに、顔見知りから性被害を受けた子どもは、被害の記憶を失う傾向が大きいという研究もあります。[*21]

加害者を訴えようとしても時効に

被害認識をもちづらく、被害の記憶が長期間失われることもある――これでは、被害を開示するどころではなく、被害が長期間発覚しないのも当然です。裏返すと、加害者にとってたいへん都合のいいことだとわかります。発覚しなければ、誰にも知られないまま加害行為をつづけられますし、ほかの子どもをターゲットにすることもできます。

殺人を除くほとんどの犯罪がそうであるように、性犯罪にも時効があります。それまで理由もわからず苦しい思いをしてきた人たちが、**時を経て「子どものときに経験したあれは、性被害だった」と気づいたり、性被害の記憶を取り戻したりしても、そのときには時効が過ぎていて、加害者を罪に問うことができない、**という問題があるのです。

特に日本の刑法では、時効までの期間が非常に短いです。これもまた明治時代に制定されてから110年以上変わらずにきたもののひとつで、時代を経て令和になっても、強姦罪で10年、強制わいせつ罪で7年でした。これは被害者が子どもである場合、特に問題です。考えてみてください。8歳で強姦＝挿入を伴う性被害に遭ったとします。その子が18歳になるまでに被害届を出し、起訴まで至れないと、加害者は法的に逃げ切れるのです。

18歳は小児ではありませんが、社会にまだ出ていないか、これから社会人として自立しようとしているかの時期で、どちらにしろ子どもです。2022年4月に成年年齢が20歳から18歳に引き下げられましたが、飲酒や喫煙、公営ギャンブルなど以前と変わらず制限されていることも多く、そこからも〝大人〟と同じではないとみなされていることがわかります。その年齢で、被害を訴え出る準備を整え、実行するのは並大抵のことではありません。みなさんも、自分が18歳のときにそのようなことができたかどうか想像するといいでしょう。まして、加害者が、親をはじめとする家族である場合もあります。自分を養育している親を訴えるというのは、生活、進路、将来にかかわることです。家族が壊れてしまうのではないかという心配もあります。

短すぎた時効は、刑法が２０２３年に再度改正されたことにより延長され、不同意性交等罪で15年、不同意わいせつ罪で12年、さらに被害時に18歳未満だった場合、18歳になるまでの期間を時効に加算する、と変更されました。つまり、8歳で挿入を伴う被害に遭い、相手を不同意性交等罪に問いたい場合、18歳までの10年＋15年で、被害者が33歳になったときが時効だということです。

画期的な改正だと思われるかもしれませんが、諸外国に目を移すと、まだ不十分だと感じます。ドイツの時効は「児童の性的虐待の場合は30歳まで時効を停止して、その後20年間起訴可能」と定められており、8歳での被害も50歳まで起訴できます。韓国では、「13歳未満、身体的または精神的障害があるものは時効なし」「未成年者は成人（19歳）になるまで時効を停止」です。イギリスではそもそも性犯罪に時効を設けていません。[*22] いずれも、被害認識のもちづらさ、記憶の喪失という、性暴力被害者に共通して見られる現象を考慮してのものです。

時効までに訴えることができなかったとなれば、自分の経験したことが被害だと認められずに終わることになります。それが被害者にとってどんな意味をもつものかをベースに、今後の議論が進んでほしいと思います。

リスクが高い子どもの家庭環境

性暴力に遭いやすい子はいるのか。お子さんを育てる人たちにとっては、気になることだと思います。ではまず、被害者になりやすい子ども、と聞いて浮かんでくるイメージを挙げてみましょう。やはり目立つ容姿の子でしょうか。それとも、年齢より大人びた雰囲気だったり、ちょっと不良っぽかったりする子でしょうか。警戒心がなく、大人の言うことを素直に信じてしまう子でしょうか。

わが子を、危ない目に遭わせたい人などいない、と私は信じています。そんなみなさんに、「どんな子も性被害に遭う可能性はある」と伝えるのは、とても勇気がいることです。

しかしこれは、誤解を招く言い方でもあります。加害者はいったい何を見て、その子どもをターゲットに定めるのか。ターゲットとは、実にイヤな言い方ですが、精神保健福祉士・社会福祉士の斉藤章佳《あきよし》さんが長年、加害者臨床に携わってきた経験をもとに著した『「小児性愛」という病――それは愛ではない』（ブックマン社）によると、実際に罪を犯した加害者らはそういう言い方をするそうです。

彼らが見るのは「どんな子か」ではありません。容姿や雰囲気がまったく関係ないと言い切れないところはありますが、加害者はそれだけで狙いを定めるわけではありません。**世界的な小児性暴力の研究では、被害者の容姿やパーソナリティにほとんど注目していません。重視しているのは、その子がどんな環境に置かれているか**です。

アメリカの所得動行パネル調査によると、小児性被害のリスクが高まる家庭環境は以下のとおりでした。[*23]

- 貧困
- 親の学歴が低い
- ひとり親
- 家庭内暴力がある
- 親の薬物乱用

ここに「ストリートチルドレン」を加える統計もあります。日本では、親子そろっての、あるいは子どもの路上生活は思い浮かべにくいかもしれません。定住する家がなく、路上で生活する子どもは、とても弱い存在です。食べ物や寝場所のために性被害を引き換えにするしかなかったり、大人と一緒に自治体や支援機関などに保護され、その大人から性被害に遭ったりするという、痛ましい現実があります。

ただし、こうした疫学調査の結果を見るときには、注意が必要です。性被害に遭った子どもの背景を探ったところ、ひとつには「ひとり親が多い」という因子が見つかった……それだけのことだからです。「シングルで子どもを育てる人は、子どもに性的虐待をする」という意味でも、「シングル家庭なら、子どもは必ず性被害に遭う」という意味でもありません。たとえば、肺がんの危険因子は「たばこ」であることはみなさんもご存じでしょう。とはいえ、喫煙者が全員、肺がんになることはないですし、喫煙者でない人も肺がんになります。

ここで考えるべきは、「この危険因子から何が見えてくるか」です。箇条書きにした家庭環境にしても、路上生活にしても、**子どもたちにとって、社会的なサ**

ポートが著しく欠如しているケースが多いです。子ども自身が取り残されていることは間違いありませんが、親もまた困った状況に置かれているでしょう。人とのつながりが薄かったり、困ったときに助けてくれる友人や家族が身近にいなかったりすると、社会のなかで孤立しやすくなります。

親の学歴が低いと仕事で十分な収入を得られにくく、貧困に陥るリスクが高くなります。父親も母親も長時間労働の仕事に就く傾向があり、必然的に子どもだけで過ごす時間が長くなると、そこにつけ込む加害者がいます。２０２３年には大阪で、ひとりで留守番している児童を狙い、家に押し入って性加害をした20代の男が逮捕されました。被害児童はわかっているだけで10人にのぼります。[*24]

またシングル家庭では、親のパートナーにあたる人物と一緒に暮らす頻度が高くなります。LESSON 3で詳しくお話ししますが、子どもへの性暴力の加害者として多いのが家族です。そのなかでもトップは実父で、養父や親のパートナーがそれにつづきます。家庭内での子どもへの性的虐待は多くの場合、それ単独では行われません。[*25]身体的虐待や暴言などの精神的虐待、ネグレクト、それから自分が直接暴力を受けていなくてもほかの家族への暴力を日常的に目撃する〝面前D

V（家庭内暴力）〟などが複合して行われます。**家庭のなかに暴力があれば、性的虐待が発生するリスクも高いといえるのです。**

シングルマザーに近づく男性の目的

2023年に、シングルマザーを対象としたマッチングアプリのリリースが発表されました。女性で登録できるのは、シングルマザーのみ……これがSNSで大炎上して、アプリ自体が配信停止となりました。私は小児科医として日ごろから多くのお母さんたちと接します。シングルで子育て中の方もたくさんいます。彼女たちから聞こえてくるのは、「マッチングアプリやSNSで知り合った男性に娘のことを話したら、異様なほどの関心を示すので怖くなった」という話です。私はシングルマザーの団体の支援をしていますが、そこのお母さんたちからも「女児の母親は、男児の母親と比べてモテる」「子どもの性別をやたら聞いてくる男性がいる」といった話が出てきます。

シングルマザーの親子を支えてくれる男性も世の中にはいるでしょう。きっと、そちらの割合のほうが高いのだと思いますし、子連れ再婚、再々婚で大人も子どもも幸せな家庭を築いている場合も少なくありません。しかし残念ながら、子どもを目的にシングルマザーに近づく男性もいるのです。騒動となったアプリには、女性が登録するときに子どもの性別や年齢を記入する欄がありました。大人同士が出会うときに、必ずしも伝えておかなければいけない情報ではないと思います。「特定しない」「設定しない」も選択肢にありますが、欄があること自体、認識の甘さがあらわれています。こういった情報を加害者に与えることで、小児性加害を誘発していると思われてもおかしくありません。危惧した人たちがいたのは、当然のことだったのです。

家庭や、子どもを取り巻く環境が健全な状態ではなく、改善の必要があるとしても、それを理由に性加害をしていい理由にはなりません。悪いのはそこにつけ込む加害者です。しかし、いま説明したように家庭環境と小児性被害には一定の因果関係が見られます。その因果関係を断ち切ることで、「性被害に遭いやすい子ども」を減らすことはできるはずです。そのために有効なのが、「つながり」

であると私は考えます。
LESSON 7で小児性被害を予防するための提案をしていますので、ここではかいつまんでのお話になりますが、親も子どもも多くの人とつながっていれば、加害者は近づけません。個人的に人に助けを求めやすくなるというだけでなく、地域のつながりが被害を未然に防ぐのに大きな役割を果たします。いわゆる〝ご近所さん〟の目があれば、加害者は子どもに声をかけにくいです。加害者は常に死角をチェックし、子どもが人目のないところに行くタイミングをうかがっています。家庭内の暴力についても同様に、つながりが被害を防ぐ力になります。物音や雰囲気で近所の人が気づくケースは少なくありません。

リスク因子は、たしかに家庭のなかにあります。だからといって、個々の「家庭だけの問題」とするのは、問題を矮小《わいしょう》化しているにすぎません。社会の目や手が入れば、家庭内にある因果関係を断ち切れます。そもそも家庭〝内〟が性暴力の現場になっている場合でも、家族だけでそれを予防、または解決するのは、至極むずかしいと思います。

小児性被害のリスク要因としてほかに、子ども自身の身体障害や学習障害、精神的な問題が挙げられます。子どもの脆弱性を利用して加害するのが、小児性暴力の加害者なので、脆弱性が重なるほどにリスクが上がると見ることもできます。

親としては子どもが性被害に遭うことなど考えたくもなく、「うちの子は大丈夫」と思いたいのもわかります。しかし、どんな子も何かしらの原因で孤立するようなことがあれば、それはリスクにつながります。だから、「どんな子も性被害に遭う可能性はある」といえるのです。

LESSON 2

性暴力を受けた子どもは何かサインを出すの？

体の症状で被害を証明できないとき

子どもの口から性被害が開示され、大人がキャッチする。それが、被害の継続を食い止め、加害者を確保し、子どもをケアにつなげる最短のルートになります。しかしLESSON 1で述べたとおり、現実にはこれがとてもむずかしいことを、大人は知っておかなければなりません。子どもが自分の身に起きたことを被害と認識するためには、ある程度の年齢になっていること、そしてその年齢に見合った性教育がなされていることが必須です。**何をされているかわからなかったがために、被害が長期化したケースはこれまでにいくつあるのでしょうか。**

それでも、大人が子どもの異変に気づく機会が増えさえすれば、早期に子どもを救い出すことが可能になります。被害に遭った子どもは、自分の身に起きたことが何であるかわからなくとも混乱し、処理しきれずに言動としてあらわれることがあります。ただ、どのような形で表に出てくるかは個人差が大きく、いつもと何ら変わらずに生活を送る子どももいます。

となると、最もわかりやすく決定的なのは、身体症状です。性犯罪捜査でも裁判でも、これがあれば重要な証拠として扱われます。

私が聞いたことのある事例を紹介します。3歳の健常な女の子が「おりものが汚い」と病院を訪れました。1年ほど前から症状がつづいていたようです。診察した医師は細菌性膣炎《ちつえん》と診断し、女の子はその後、抗生剤を服用しては回復し、しばらくすると再発するといったことをくり返しました。幼児の膣炎自体はめずらしいものではありません。自分でおまたを触ってそこから細菌が入り、おりものに異変が出るのはよくあることです。日本でも、ここですぐに「性被害では？」と疑う医師は多くないでしょう。

この女児は後日、おりものからあきらかな異臭がするという母親の訴えにより、夜間に救急外来を受診しました。小児科医が膣鏡《ちつきょう》で内診したところ、膣内からプラスチック片が見つかったのです。これをもって、性被害があったと判断されました。その後、子どもの父親が膣内に異物を挿入している現場を、母親が目撃したそうです。

非常にショッキングな事件だと思われるかもしれませんが、膣内異物はあきらかな証拠にもなります。アメリカの論文に、膣内異物と診断された思春期前の少女12人のケースが紹介されているものがあります。そのうち8人が性被害であると診断され、加害者も特定できました。3人は、加害者を特定できずに「性被害の疑い」とされました。[*1] 1人は被害状況が不明でしたが、不明とは必ずしも性被害がなかったことを意味するわけではないことは、このあと説明します。

このように**小児医療は、小児性被害のファーストネットとなりうるし、日本でもそうあるべきです。**小児科専門医は〝子どもの総合医〟であるといわれ、ただ病気や不調を診るだけでなく、子どもの成長に総合的にかかわる医師だからです。性暴力が子どもの成長にとって有害であることは間違いありません。

しかし事はそう単純でなく、身体を診れば必ず性被害の有無がわかるわけではない、というむずかしさがあります。挿入を伴う性被害では、たいへんな傷が残る――みなさん、そんなイメージをもたれているかもしれません。おそらく多くの小児科医もそのイメージを共有しています。被害に遭ったのが成人である場合、それは間違いありません。膣や肛門が損傷していれば、それは性被害の確たる証拠となります。

ところが、**子どもの身体は粘膜の修復能力が非常に高く、傷がすぐに治ってしまいます。**傷を負ってから72時間は〝診察のゴールドスタンダード〟といわれており、それ以降に診察すると、すでに傷が消えてしまっていることが多いのです。72時間で21・4%、それを過ぎたら2%しか傷を認められなくなるといわれます。[*2]

これが、被害に遭ってから受診するまでの時間は短ければ短いほどいい、といわれる理由のひとつです。加えて、成人の場合も、意識や抵抗力を奪うことを目的に睡眠薬や抗不安薬を飲み物に混ぜる、いわゆる〝レイプドラッグ〟を使った性暴力に遭うことがあります。時間が経てば体内から検出できなくなる薬物もあり、だからこそいち早くワンストップセンター——性暴力被害者ケア・支援のための施設や病院につながるよう、警察や支援施設などが呼びかけています。子どもの場合は、ここに修復能力が加わります。本人が性被害を受けたと認識する、あるいは周囲の大人が気づくなどして、いかに早期に診察につなげられるか。それによって、その後の運命が大きく左右されることもあるのです。

要は、**「膣や肛門に傷が認められない＝挿入を伴う性被害がなかった」とはならない**ということです。産婦人科医や泌尿器科医ではそれなりに知られているかもしれませんが、小児科医のあいだでの認知度は低いといえます。これによって、性暴力があったにもかかわらず、「ない」ことになってしまったケースも少なくないはずです。

初経が来ていれば妊娠の心配も

女の子の場合、「性暴力があった」とあきらかにわかるのが、妊娠です。「初経が来た後の女子は、性暴力であろうとなかろうと常に妊娠する可能性がある」というのは、大人もよく理解していないことのように思います。

小児科医のあいだでよく聞かれるのは、小学生の妊娠です。「体調が悪い」「風邪かも」と母親に連れられてきた女の子が、妊娠していたとわかるケースは、世間が思っている以上に多いです。同年代の子どもとの性行為による妊娠もありますが、性暴力によるものが占める割合も決して少なくはないでしょう。子ども自身が相手のことを好きでも嫌いでも、妊娠の意味がわかっていてもいなくても、身体に妊娠という反応が起きる場合がある、ということは大人が理解しておかなければなりません。

妊娠に関していえば、被害直後に病院へアクセスしたなら、婦人科で緊急避妊薬を処方してもらうことができます。**妊娠の可能性がある性交から72時間以内に服用する薬で、早く服用するほど効果が高いです。**また若年妊娠は、胎児のみならず母体にとっても負担が大きいため、中絶が選択されることが多いですが、中絶手術ができるのは妊娠22週未満です。

被害に遭った子ども自身が妊娠の可能性を考えたり、自分で妊娠に気づいたりできれば早い対応も可能になりますが、現在日本で行われている性教育を考えると、それはむずかしいと思います。LESSON 1で述べたとおり、学校では「妊娠の過程を取り扱わない」――性交すれば妊娠の可能性があることを教えないからです。性教育の遅れ・不足は、このように子どもたちからたくさんのものを奪っています。

トラウマを再演する〝困った行為〟

妊娠や膣、肛門などの損傷や炎症といった身体症状は、性被害のサインのなかでも、いってみればとても「わかりやすい」ものです。しかし**性暴力によるダメージは、「わかりにくい」もののほうが多いと思ってください**。それは生活のなかであらわれるため、小児科医のような医療者よりも、親や身近な大人のほうが最初に気づく可能性が高いと思われます。

お腹の痛みやダルさ（倦怠感）、頭痛を訴える／食欲不振、過食／おねしょ／ひとりで寝るのを嫌がる／怖い夢を見るなどして睡眠が中断される／学校に行きたがらない／集中力が低下している、無気力になる／過剰に甘える、人との距離が過剰に近い……といった、これまでになかった様子が子どもに見られれば、それは言葉にできない訴えが行動にあらわれている可能性があります。

45の研究を包括的に調査した結果、性被害を受けた子どもは、受けていない子どもよりも多くの症状を示すことがわかりました。性被害を受けた子どもの大多数に共通する症状というものはなく、多岐にわたります。最も頻繁に観察される症状として、恐怖、心的外傷後ストレス障害（PTSD）、胃腸症状、自尊心の低下が挙げられます。ただし、被害者の約3分の1は症状を示さなかったことにも、注意が必要です。*3

これらの症状は、いじめなどのほかのトラブルが原因であることも考えられるでしょう。けれど、大人の側に「これは性暴力に遭ったサインかもしれない」という意識があるのとないのとでは、声のかけ方などの対応に差が出ます。「お腹が痛いと訴えて不登校になった子。原因は病気ではなく、父親から受けた性被害だった」というケースは、小児科医のあいだでも実によく耳にします。

また、**性被害に遭った子が、年齢にそぐわない性的な言動に出ることもあります**。子どもの性的な発言や行動を前にするとびっくりし、反射的に「やめなさい！」と叱ってしまう大人は多いでしょう。現在の親世代もほとんどが性教育を十分に受けてきたとはいえないので、その気持ちもわかります。しかし、一度冷静になり、子どもがどこでその性的な言動に触れたのかを考えてください。

10代になってからは、「不特定多数の相手と性的接触をもつ」というサインが加わることもあります。それも避妊や感染症予防をしない、危険な性行動が多いです。性暴力被害者については、「加害者と同じ性別や、近い年齢、似た背格好の人を一様に怖がって近づかない」というイメージが社会で共有されていると思います。たしかに、男性が近づくと恐怖を感じたり過呼吸を起こしたりする被害者の女の子はいますし、成人の女性被害者でも「男性が多い職場で働けなくなった」「性行為ができなくなった」と訴える人は少なくありません。

その一方で、**「トラウマの再演」といって、あえて性的な行動に出て、自分を危険にさらす人もいるのです。**そうすることで、「でも、いまの自分は大丈夫だ。乗り越えられた」と確信を得たり、逆に「自分には価値がない」という思いを強めたりします。矛盾した行動のようですが、被害を受けた子どもなりの、因果関係にもとづいた行動です。性風俗業に従事する女性たちのなかで性被害、特に子どものころに性被害を経験した人の割合が小さくないことは、性暴力被害者を支援している人たちのあいだではよく知られています。

小児性被害の影響を検証したレビュー文献によると、幼少期の性被害が成人女性に深刻かつ長期にわたる影響を及ぼすことが示唆されています。その後の人生で、うつ病や不安に苛《さいな》まれるだけでなく、性的問題の兆候がより顕著になったり、後年に再び性被害を受けたりする可能性が高くなるといわれているのです*4。

ほかには自傷行為や、飲酒喫煙などのいわゆる非行行為がサインとしてあらわれることもあります。自傷行為といえば、手首や腕を刃物で傷つけるリストカットやアームカットがまず思い浮かぶでしょう。しかし髪の毛を抜く、ピアスの穴をたくさん空けるなど、いろんな形がとられますし、それらが重複することもあります。男の子の場合は暴力、他害行為に出ることもあります。

いずれも大人の目には、〝困った行為〟だと映るでしょう。言葉を選ばずにいうと、**〝面倒な子ども〟と受け取られることもあると思います。けれど、だからこその切実さがあるのです。**理解できないことが自分の身に起き、ひとりで抱えきれない苦痛や葛藤とともに生きているから、こんな行動に出るのではないか――子どもにかかわる人たちだけでなく、社会全体にそうした視点をもってほしい。そうなってはじめて、子どもの声にならないサインをキャッチできます。

なかなか治らない心の外傷

性被害を受けた影響は、被害直後にあらわれるものばかりではなく、時間とともに緩和したり快方に向かったりすることが確実なものでもありません。**暴力によって心身に被《こうむ》ったダメージはトラウマとなり、それを抱えたままその後の長い人生を生きる。**小児性暴力では、特にその傾向が強いことがわかっています。

トラウマ、PTSDという言葉はだいぶ知られるようになりましたが、あらためて説明すると、トラウマは「精神的外傷」と訳される、恐怖や苦痛を感じる体験（トラウマティックな出来事）により精神に受けた傷のことです。記憶が失われたり感情を封印されたりすることもありますが、これは、そうすることで苦痛がある状態を誤魔化しながらも、なんとか乗り切ろうとしている真っ最中だということです。不眠や食欲不振、幻聴といった身体症状が出たり、記憶がないはずなのに被害に遭ったときと似た状況に出くわすと動悸《どうき》や目まいなどが起きたり、逆に被害のことを何度も何度も思い出し、そのたびに強い苦痛を味わったり不安定な状態がつづいたり……といったトラウマ症状が継続すれば、PTSD（心的外傷後ストレス障害）と診断されることが多いでしょう。**日常生活、人間関係、家族関係、学業、進路選択などすべてに影響が出る深刻な状態なので、軽視できません。**

子ども期にかぎった話ではありませんが、性暴力はほかのトラウマ体験と比べて、特にＰＴＳＤにつながりやすいという報告もあります。約７万人を対象とした国際的な研究で、性暴力のほかＤＶ、事故、戦争関連など29種類のトラウマ体験について調査したところ、ＰＴＳＤの有病率が最も高かったのは、「レイプ」（挿入を伴う被害）の19％でした。次いで「ＤＶ」の11・７％、「その他の性暴力」の10・５％です。調査の対象となったトラウマ体験のうち、「事故災害」によるものは全体の約35％を占め、それに引き換え「レイプ」は全体のうち約３％と割合がとても小さいのですが、ＰＴＳＤの有病率では「レイプ」がトップにくる。このことが示す意味は、もうおわかりでしょう。

同調査では、**ＰＴＳＤ診断の持続する期間については、「レイプ」「その他の性暴力」は、平均で110カ月以上、つまり９年以上もつづいていることがわかりました。**事故災害では41・２カ月なので、倍以上です。[*5]

アメリカでトラウマ、ＰＴＳＤという病《やまい》が知られ、盛んに研究されるようになったのは、ベトナム戦争が１９７５年に終結したあとです。帰還兵の多くに症状が見られました。日本では、１９９５年の阪神・淡路大震災をきっかけにＰＴＳＤが広く知られるようになりました。これらの戦争や震災では多くの人が亡くなっただけでなく、生還者たちの心身が傷つき、その家族や身近な人にも影響が及びました。個人の体験は、どれがより悲惨だとか、より深刻だとか比べるものではありません。しかし、戦争や大規模災害が重大なトラウマ体験になることは、多くの人がすでに共有している価値観です。レイプをはじめとする性暴力も、それを凌《しの》ぐ影響力と持続力で被害者の心身を蝕《むしば》みつづけることがあります。その事実は、まだまだ知られていません。

ＮＨＫが２０２２年に実施したオンライン調査によると、回答として寄せられた３万８３８３件の性被害経験のうち、「ＰＴＳＤと診断された」割合は３・１％にすぎませんでした。あまりに少ないと思われるでしょうか。

しかし、複数の専門家の協力のもと、ＰＴＳＤに相当する症状があらわれているかどうかを評価する指標を用いて３万８３８３件をさらに分析した結果、**全体**

の54・1%が「PTSDと診断のつくほどの状態」であることがわかったといいます。[*6]PTSDは疾患ですから、本来は病院で診断されるものです。3・1%と54・1%のギャップは、症状が出ているのに病院にアクセスしていない、できていない人の多さを示しています。おそらく、長くつづく解離やうつ、不眠などを、過去に経験した性被害と結びつけられず、「自分がだらしないから」「情けない」と自身を責めながら生きている人が多いのでしょう。それは、とても困難な道のりだったと思います。被害を受けてからできるだけ短時間で診断を受け、支援やケアにつながって「これは性被害の影響だ」と自覚することができていたら、人生は違ったものになっていたのではないか……と思わずにはいられません。

というのも、PTSDは治療できるからです。PTSDと診断された子どもには、認知行動療法という心理療法が有効だとわかっています。性被害だけでなく家庭内暴力、災害、自動車事故など、さまざまな〝トラウマティック〟な出来事を経験した、PTSDの小児や青年を対象にした研究があります。19件のランダム化比較試験（RCT＝対象を2つ以上のグループに無作為《ランダム》に分け、治療法などの効果を検証する）を総合的に分析したところ、認知行動療法はＰＴＳＤに関連して起きたうつ症状や不安を、偶然ではなく改善したことがあきらかになっています。[*7]

ＰＴＳＤの治療において、患者はときに被害のことをまざまざと思い出したり、語ったりする必要があります。それは、簡単なことではありません。けれども世界では、治療を経て困難を克服したり、また困難にいき当たっても対処法を身につけたりして、徐々にトラウマから解き放たれていった例が数多く報告されています。私自身、そうした例をいくつも目の当《ま》たりにしてきました。「支援やケアに早くつながるほど、回復も早い」とは一概にいえませんが、それでも被害者が希望をもてない時間はできるだけ短いほうがいいでしょう。

医療は何ごとも専門家が行ったほうがよいものです。子どものＰＴＳＤなら、日本では児童精神科医が専門家に当たります。さまざまな理由から、児童精神科の専門医や思春期外来が年々求められるようになっていると感じます。しかし現状は、どちらも数が足りておらず、都市部はまだしも地方では治療へのアクセスがよくありません。また、思春期外来には不登校や発達障害の相談が殺到しており、何ヵ月も先の予約しか取れないという話もよく聞き、性被害を受けた子どもがすぐに受診できるわけではなさそうです。**不登校をはじめとする子どもの生きづらさの背景には、性被害が潜んでいる可能性もあります。**そのことを考えても、子どもの性被害を専門的に診る医療機関が今後増えていってほしいです。

生活習慣病や肥満になりやすい

- 小児性被害の経験がある人は、将来うつ病になる確率が、被害を受けていない人の5倍になる。
- 小児性被害の経験がある人は、将来の自殺未遂率が、被害を受けていない人の2倍以上になる。*8

右の文章を見て、どう思われるでしょうか。数字で示すと、子どものときに受けた性被害の影響がいかに深刻かが伝わると思います。被害の現場をなんとか生き延びた子どもが、その後も過酷な人生を強いられるというのは、なんとも悲しいことです。**性被害は〝魂の殺人〟といわれます。**これはスイスの心理学者、アリス・ミラーの著書『魂の殺人　親は子どもに何をしたか』（山下公子訳、新装版は2013年に新曜社より刊行）から来ています。多くの被害者がこの言葉に共感を示していることからも、性被害で負ったダメージの切実さがうかがい知れます。

では、みなさんは次の数値にどのような印象をもたれるでしょうか――。

・小児性被害の経験がある人は、生活習慣病の発症、肥満、がん、心臓や肝臓などの病気の発症率が高くなる。

これは、小児性被害による長期的な身体的健康への影響を調査した、31個の研究を体系的に検討した結果、わかったことです。[*9] 性被害の経験が、〝魂〟すなわちメンタル面に大きな影響を及ぼすことは、多くの人にとって想像の範囲内だと思います。けれど、身体の疾患にもつながるのはどうしてなのでしょうか。

昔から「病は気から」というように、心と身体は密接に影響し合っていて、医療の世界では「機能性身体症状」といわれます。身体にあらわれている症状やその経過に心理的・社会的な要因があると考えられるものが、これに当たります。

歌手のレディー・ガガは過去にレイプ被害に遭ったこと、そしてPTSDと線維筋痛症と診断されていることを告白しています。線維筋痛症は、原因が特定できないにもかかわらず、全身に強い痛みや疲労感が出たり、抑うつ状態になったりする病気のことです。背景にトラウマ体験がある場合が多く、性被害以外にも幼少時の虐待、親との離死別、貧困などがあるといわれています。

幼少期のトラウマが、大人になって症状として出ることも多いです。これを治療するには、身体の痛みだけにアプローチするのでは不十分で、その人が抱えているトラウマをケアする必要があります。

トラウマと身体の関係は、コルチゾールというホルモンに注目することでも説明できます。これは、腎臓にくっついている〝副腎〟という器官から分泌されるもので、血糖値を上昇させて低血糖状態を防いだり、身体の炎症やアレルギー反応を抑えたりします。私たちの生命と健康を維持する、多くの役割がある重要なホルモンなのです。そして、強いストレスを受けると分泌量が増えるため、〝ストレスホルモン〟とも呼ばれています。**性被害を受けた女児の血液中のコルチゾ**

ール値は、偶然ではなく高くなった、という報告もあります。[*10]

私たちが「大事な仕事に取り掛かるぞ！」というとき、コルチゾールの値はグッと高まります。適度なストレスをかけることでコルチゾールが分泌され、その働きによって血圧が上がることで意欲がアップし、ほどよく緊張したり気合が入ったりするのです。しかし、緊張がつづけば当然、心身が疲れます。トラウマを受けた子どもは、常にこの緊張状態にあるというわけです。また、コルチゾールの値が高い状態がつづくと、生体防御反応が崩れてしまい、血圧が上がります。高血圧が、生活習慣病のほかさまざまな疾患につながることは、みなさんもよくご存じでしょう。不眠症、うつ病などのメンタルの不調にも、このコルチゾールが関係しています。

人間関係をうまく築けなくなる

小児性暴力が被害者の人生に及ぼす影響は、公衆衛生の視点から考えると、また別の様相が見えてきます。小児性被害の経験は、ほぼ確実に、といっていいほど対人関係に影響を及ぼします。性暴力を受けるということは、自分の意思や気持ちを無視され、「バウンダリー」といわれる、自分と他者のあいだにある心身の境界線が一方的に破られ、侵襲されることです。それによって、他者との境界線がわからなくなって適度な距離感を取れなくなったり、他者を信用できなくなったり、自分をも信用できなくなったりします。結果、被害者は家族を含む人間関係をうまく築けない傾向が強いのです。

性被害においては〝フリーズ〟——極度の恐怖を感じる状況下で「不随意の一時的な運動抑制状態」に陥る現象が、多発します。具体的には、身体が動かなくなる、凍りつく、発声や助けを求めることができない、震え、内因性鎮痛（痛みに対する感受性の低下）などです。ある研究では、性暴力を受けた女性のうち70％が、暴行中に著しい緊張性不動があったと報告し、そのうち48％が極度の緊張性不動があったと報告しています。[*11] この高い発生率は、フリーズが性被害に対する一般的な反応であることを示しています。

また、生物の擬死反応にあたるものなのではないかという説もあります。動物や昆虫は、死につながるような強い刺激を受けたとき、反射的に動かなくなります。死んだふりをするのとは違って、意思とは関係なく動かなく／動けなくなる。そうすることで、極めて危機的な状況を生き延びようとしているのです。[*12]

逃げたくても逃げられない、抵抗したくても身体が動かない。心身が発達途中にあり大人と比べて脆弱な子どもにおいて、フリーズが起きる確率はさらに高まるでしょう。また**〝解離〟といって、意識を切り離し、何も見ない、聞こえない、感じないようにするという現象も起きます。**どちらも世界中の性暴力の研究によってあきらかになったことで、支援、ケア、医療の現場ではほぼ常識となっています。本来なら司法の現場にも周知されてほしいことです。

自分を守るためにあるはずのバウンダリーを侵され、フリーズや解離によって自分を守ろうとしたにもかかわらず、自尊心を破壊される行為――それが性暴力です。人間の核のような部分を根こそぎ否定されたも同然ですから、自己肯定感は低くなり、他者への共感力が下がります。自分の価値も、他者とかかわる意味もわからなくなる……。それが、対人関係が困難になる理由です。

では、対人関係がなぜ健康に影響するのか。先に答えを言うと、**人間関係に問題があると医療へのアクセスが悪くなるからです。**これは、飛躍した話ではありません。あなたの身近に具合が悪そうな人がいたら、「病院に行ったほうがいいんじゃない？」「検診はちゃんと受けてる？　結果はどうだった？」など、健康を気にして言葉をかけるでしょう。そうでなくとも、日常的に顔色や食欲などを見て、体調に目配りするものです。このお互いにかかわり合う人間関係が、人の健康を維持するうえでとても大事で、それを失うことが、性暴力被害者の健康問題につながっていくというわけです。これを〝ソーシャルキャピタル（社会関係資本）〟といい、私がこれから力を入れて研究したいと思っていることのひとつです。

人間は社会のなかで生きています。健康は自分自身で管理し、守っているようでいて、そこには必ず社会から、あるいは他者からの影響があります。自分の存在もまた、他者に影響しています。社会のなかで孤立しない、他者と健全にかかわるというのは、健康にとっても極めて重要なのです。**性暴力は、その人が築いてきたソーシャルキャピタルを壊すことだといえますし、小児に対する場合は、将来築けるはずだった人間関係を前もって奪うも同然だといっていいでしょう。**

子ども時代の「逆境」による悪影響

ここで、みなさんに知っていただきたい言葉があります。「ＡＣＥ（エース）」――「Adverse Childhood Experience」の頭文字をとったもので、日本語では「逆境的小児期体験」と訳されています。アメリカでは１９９０年代から研究されていましたが、近年、日本でも注目度が高まっています。「Experience」を複数形にして、「ＡＣＥｓ（エーシーズ）」といわれることもあります。

逆境とは、18歳までに経験する、トラウマにつながりかねない出来事のことです。どんな出来事がそれに当たるかは次の「ＡＣＥアンケート」を見てください。子ども時代に次のような体験があれば、チェックを入れましょう。

1　親や同居する大人が、あなたを叩いたり殴ったりした［身体的虐待］

2　親や同居する大人が、あなたを罵倒したり侮辱したりした［心理的虐待］

3　５歳以上年上の人や大人が、あなたに性的に触れたり、性行為を強いたりした［性的虐待］

4　あなたに十分な食事や衣服を与えたり、医者に連れて行ったりしてくれる大人がいなかった［身体的ネグレクト］
5　あなたを安心させ、守ってくれる大人がいなかった［心理的ネグレクト］
6　両親が、別居または離婚をした［親との別離］
7　親や同居する大人が、叩いたり殴ったり、殴り合ったりしていた［近親者間暴力］
8　アルコール問題を抱える人や、薬物を乱用する人と同居していた［家族のアルコール・薬物乱用］
9　うつ病や精神疾患、自殺願望のある人と同居していた［家族の精神疾患・自殺］
10　服役していた、または服役を言い渡された人と同居していた［家族の服役］

――三谷はるよ『ACEサバイバー――子ども期の逆境に苦しむ人々』（ちくま新書）より

当てはまるチェックの数は、「ACEスコア」といわれます。たとえば1、4、

8が該当するのであれば、ACEスコアは「3」です。ここで性被害についても1項目あることは重要です。

子ども時代の過酷な体験がトラウマとなり、後の人生に多くの困難をもたらすことは想像に難《かた》くないと思いますが、特に注目したいのは、将来の疾患や健康リスクです。ACEスコアは、いくつ以上ならリスクが高くて、それを下回れば心配ない、という単純なものではありません。スコアが1でもさまざまな要因が重なって、現在とてもつらい状況にある人はいるでしょう。けれど、2017年に報告された研究では、ACEスコアが4以上の人には、以下の問題が起きる可能性が高いとされました。[*13]

- 関連性が強い：危険な性的行動（パートナーが多いなど）、うつ病などの精神疾患
- 関連性が中程度：喫煙、大量の飲酒、がん、心臓疾患、呼吸器疾患
- 関連性が弱い：運動不足、肥満、糖尿病

ＡＣＥは多くの場合重複しているため、実はすぐこの点数に到達してしまいます。両親が離婚し（1点）、引き取られた同居親がうつ病などを持っていて（1点）、しつけが厳しく、ときに激しく叩かれたり（1点）、罵倒されたり（1点）すると、あっという間にＡＣＥスコア「4」をはじき出します。

スコアが高いほど、喫煙や、リスクのある性的行動といった健康を損ないやすい生活習慣に陥りがちになり、将来的にさまざまな感染症や身体的な病気にかかるリスクが必然的に高まります。[*14] これは医師としては見過ごせない問題です。

これも先に説明した、ストレスホルモンことコルチゾールの分泌増加が要因のひとつとして挙げられます。幼少期にこれらの逆境体験が反復され、しかもそれが長期間に及ぶと、子どもは慢性ストレスにさらされることになります。海外では、被虐待児のコルチゾール分泌がどのようなものであるかという研究報告がいくつもあります。本来、このストレスホルモンは朝から昼にかけて分泌が多くなり、夜には分泌量が減ります。しかし、被虐待児を対象に調査したところ、このリズムがなく、一日をとおして平坦になる傾向が見られました。[*15] これが子どもの成長や発達にじわりじわりと影響を及ぼし、神経系、ホルモンなどの内分泌系、免疫系などの発達に、劇的な変化をもたらします。

より専門的にいうと、生涯にわたって慢性的に、生理学的な損傷（専門用語では、アロスタティック負荷）が増加することになるのです。なんらかの疾患につながりかねない状態ですし、なんと驚くことに早期に死亡する確率が高くなってしまうこともわかっています。[*16] 非常に由々《ゆゆ》しき事態ですが、ストレスホルモンの分泌量などは外見からはわかりようがなく、人と比べることもできず、本人も自覚しにくいものです。そこに、対策のむずかしさがあります。

いつもボーッとしている

また、ＡＣＥは脳にも影響を及ぼすことがわかっています。身体的虐待を受けたことのある子どもは、受けたことのない子どもと比較して、前頭前野にある眼《がん》窩《か》前頭皮――感情と社会的行動を調整する領域の容積が、小さくなっていることを示す研究があります。[*17]
この研究では、過去の身体的・性的虐待からのＰＴＳＤだと診断された成人は、健康な成人に比べて、左海馬《かいば》の容積が小さいという結果が導き出されました。左海馬は記憶の中枢といわれる部分です。さらに、感情を司る扁桃体《へんとうたい》の容積が小さくなるという報告もありました。不安や恐怖など感情の動きがあったときに扁桃体は活動するので、うつ病、不安障害やＰＴＳＤなどの精神疾患があると、扁桃体の活動が過剰になる傾向があります。

いつもボーッとしていて、感情や何を考えているかがわかりにくく、記憶力が心もとなくて、注意散漫、何をしていても集中できない——。こんな子どもは大人から〝困った子〟とみなされやすいですし、また大人になってもいい加減で怠惰な人間と思われて、仕事や人間関係でたくさんの支障が出るでしょう。きっと本人も、「なぜうまくいかないのか」「どうしてみんなと同じようにできないのか」と悩んだり、周りからそう責められたりすることも多いはずです。しかし、それらの**原因がＡＣＥによって生じた脳の損傷にあると知れば、周囲の考え方や対応の仕方が変わってくると思います。本人のせいではないということです。**

「子どもは親を選べない」とよくいわれますが、ＡＣＥの研究が進むほど、親だけの責任ではないことも浮き彫りになってきました。というのも、親もまた、適切ではない環境と育てられ方で子ども時代を送っていた——つまり、ACEであるケースが多いからです。それは診療の現場で、私も何度となく感じてきたことです。子どもを診ることは、親が抱えつづけてきた問題を診ることでもあります。

若い女性が妊娠中に一度も病院にかからず、自宅などで赤ちゃんを産み、産後すぐに死に至らしめる事件は年にいくつも報道され、そのたびに母親を責める声が、主にSNSで噴出します。彼女らを「酷い母親」と決めつける前に、女性がなぜそうせざるをえなかったのか、経緯や背景に目を向けてほしいと思います。妊娠中は何があるかわかりませんから、基本的には病院を受診したいものです。また、赤ちゃんを死なせようと思って妊娠期間を送るお母さんはいません。必ず、何か理由があります。

私自身も、ラブホテルで産み落とされた新生児を診察した経験があります。赤ちゃんから、違法薬物が検出されました。お母さんからも検出されたことは言わずもがなです。お母さんの生育歴をたどっていくと、小児性被害を受けた経験がありました。あくまで推測ですが、先に挙げたACEアンケートを受けてもらったら、ほかにもチェックがつく項目があるでしょう。

ＡＣＥサバイバーであるこのお母さんが、どこかの時点で逆境的な養育環境から救い出されて保護されていたら、または大人になってからでも適切な支援やケアを受けられていたら、子どももまたＡＣＥになるという運命が避けられた可能性は、決して低くありません。生きづらさゆえに、妊娠や出産時に頼れる人間関係を築いてこられなかったのではないでしょうか。そう考えると**問題は、ＡＣＥを生き延びた人たちではなく、その人たちに手を差し伸べることなく、長いあいだ放置しつづけている社会の側にある**と理解できるはずです。

アメリカでは、ＡＣＥアンケートを使ってスクリーニング検査を行い、早いうちからその悪影響を最小限に抑える取り組みを、社会全体でしています。日本も、ＡＣＥという言葉を周知し、ＡＣＥサバイバーのケアに本格的に取り組む時期にきていると感じます。ここには当然、小児性暴力の被害者も含まれます。

回復を後押しする「レジリエンス」

小児性被害にしろＡＣＥにしろ、どのような症状が出るかは実に個別性が高い——つまり、人それぞれで計り知れないところがあります。聞いているだけでもつらい経験をしてきたのに、特に影響を感じさせることなく朗らかに成長し、日々を送っている子もいます。強い症状は出ないまでも、毎日がうっすらとしんどく、「死にたい」と思いながら大人になる子もいます。子どもがつらい経験をしても、時間は戻せません。であれば、周囲の大人が考えることは、「いかにダメージを小さくするか」「いかに早く回復させられるか」でしょう。

被害からの回復を左右するもののひとつに、**レジリエンスがあります。**「レジリエンス」は日本語で「精神的回復力」と訳されることが多いですが、人にもともと備わっている性質のようなものです。同じ治療を受けたとしても、それが高いか低いかによって回復の度合いに多少なりとも差が出ると考えられています。

ひとつ屋根の下で育ったきょうだいでも、強く注意したときに上の子は深刻に受け止め、長いことクヨクヨするのに対し、下の子は多少落ち込みはするものの、すぐにカラッと立ち直る、ということはよくあると思います。どちらがいいとか悪いとかではないのですが、レジリエンスという観点で見ると、寛容で、細かいことをあまり気にしない下の子のほうがレジリエンスが高いといえます。

トラウマに至るまでにも、そこから回復する過程にも、いくつものファクターが関与していますが、性格、レジリエンスというのもひとつの大きな要素になると考えていいでしょう。ですが、それだけでは本当に「人による」という話になり、希望があまりもてなくなってしまいます。

そこで、公衆衛生学を専門としている私が着目しているもうひとつの要素が、「人とのつながり」です。**ACEは人間関係にネガティブに影響すると先述しましたが、これは裏を返すと、そこからの回復における最大のキーワードも「つながり」であるということです。**世界各地での研究によって、次のようなことがACEのレジリエンスを高めるといわれています。

両親のどちらかとの精神的な結びつき

ACEスコアのチェック項目に「両親の離婚や死別」がありましたが、これはいまから変えようのない事実です。ですが、両親の離婚や片親との死別があっても、もう片方の親から愛情を受け、精神的な結びつきを感じられ、困っているときに手を差し伸べてもらえる。そう実感できれば、離婚・死別によって生じた苦痛が最小限にとどまり、レジリエンスが保護される傾向にあります。

また、アルコール依存症の父親をもつ子どもを対象にした調査でも、母親への愛着が強い子どもほど、問題行動が著しく減ることがわかっています。*18

教員や保育士との信頼関係

しかし、両親ともから不適切な養育を受けているからこその、ACEであることも多いです。その場合も、絶望しなくていいのです。子どもにかかわり、成長に影響を与える大人はほかにもいます。特に教員や保育士は、子どもたちにとって生活の半分をともに過ごす大人です。ACEを抱えた子どもには無気力や学業不振がよく見られます。それは、進路など将来の選択にかかわることです。教員が自分のことを気にかけていると思っているACEの子どものほうが、そうでない子に比べ、最終的に進学・就職でうまくいったという研究結果もあります。*19

親自身が受けるソーシャルサポート

個人的に何より強調したいのは、このポイントです。ACEを抱えた親が社会から孤立すると、親自身だけでなく子どもにも悪影響を与えるといわれています。身近なストレスのレベルが高いほど母親の心理的苦痛が大きくなりますが、それは約15カ月後に、ポジティブな子育てへの関心が低くなったりできなくなったりという結果につながることもある、とする論文もあります。[*20]

母親自身が過去に小児性被害を含む壮絶な経験をしていても、社会に信頼できる人がいて、サポートを受けることができれば、その悪影響は覆い隠されます。そこから子どものレジリエンスにもいい結果をもたらすとなれば、取るべき対策が見えてくるのではないでしょうか。

小児性被害は、人への共感や信頼をたたき潰されるような出来事です。ACEに数えられる体験も同様です。人と人との関係は、ときにあるまじき形を取ります。不健全にも暴力的にもなります。発達段階にあり、人とのかかわり方もまだ身につけていない子どもほど、その影響を大きく受けるでしょう。

けれど、**そこで傷やダメージを受けた子どもが、やはり人とのかかわり、つながりによって回復への道が開けるということに、私はある種の希望を感じます。**

小児性被害は魂の殺人といわれるほどの出来事ですが、子どもの人生はまだはじまったばかり。それが適切な支援やケアを受けると同時に、周りの人間から気にかけられることで、レジリエンスを発揮できるようになる。親をはじめ周囲の大人ができることは、案外たくさんあるのです。

LESSON 3

子どもに性加害をするのは「知らないオジサン」？

被害者は何も悪くない

この本を手に取ってくださっているみなさんは、子どもを性被害に遭わせたくない、守りたいという気持ちが強いと思います。折に触れてお子さんに注意を促している家庭もあるでしょうし、学校にももっと力を入れて対策してほしいという保護者の声もよく聞きます。

被害に遭う可能性が高い属性を持つ人（ここでは子ども）が、被害に遭わないようみずから対策することを、自衛といいます。子どもが小さいうちは、親子でというより、親主導での自衛を意識されている方も少なくないでしょう。

自衛とは、性暴力において注意して使わなければならない言葉でもあります。内容にもよりますが、自衛がまったく必要ないとはいいません。性暴力を回避し、自分を守る方法を知っているのと知らないのとで、いざというときの対応に差が出ることは少なからずあります。たとえば、**子どもにスマートフォンをもたせるときに「交際相手からどんなに頼まれても、下着姿や裸の写真を送るのはダメ」と伝えておくのも、ひとつの自衛です。**「ダメ」と教わった子は、そうした場面に出くわしたとき、一度立ち止まって考えることができます。

ただし、自衛を強調しすぎると、マイナスの効果をもたらすこともあります。誰が性暴力を発生させたのか、性暴力の責任が誰にあるのかが、あいまいになるのです。性暴力が発生した責任は100%、加害者にあります。加害者がその歪んだ欲望を行動化したから起きたのであって、被害者に非は一切ありません。ゼロです。それなのに、被害者が自衛をしなかったからその暴力が発生したかのように言われることがあります。「そんな短いスカートを穿《は》いているから」「夜遅くに暗い道を歩いていたから」「あなたが誘うような素振りを見せたんじゃないの?」と被害者の行動に落ち度があるように責めるのは、被害者非難といわれるものです。何を着ても、どんな道を歩いても、被害者の落ち度ではありませんし、加害者が性暴力をしていい理由にはなりません。

性暴力への理解が浅い社会では、被害者非難がよく起きます。SNSには、そのような書き込みが日常的にあふれています。**被害者非難が蔓延《まんえん》すると、被害に遭った人が自分で自分を責めるようになります。自衛をしなかった自分こそが、性暴力の原因であると思い込むのです。**小さな子でも「私が、ママの言うことを守らなかったから」「僕が寄り道をしたから」と思うものです。イヤなことをされたと大人に話すと、かえって怒られるのではないかと心配して口をつぐみ、ひとり胸にしまうこともあるでしょう。

このように被害者の苦しみが増し、加害者の責任があいまいになるため、過度な自衛を求めてはいけないのです。世界では、毎年4月3日を「被害者非難に反対する国際デー（International Day against Victim Blaming）」とし、被害者は責められるべき存在ではないと確認し合います。社会は、被害者がなぜ被害に遭ったのかではなく、加害者がなぜ加害をしたのかに焦点を当てるべきです。

そして見直してもらいたいのが、「その自衛が本当に正しいのか」です。**誤った自衛は、かえって性暴力発生のリスクを高めます。**最たるものが、次の言葉にあらわれていると私は考えます。

「知らないオジサンに声をかけられても、ついていってはダメ」

お子さんにそう言い聞かせている人も多いのではないでしょうか。これも全面的に間違いではありません。知らないオジサンが性加害を目当てに子どもに近づいてくる事件は、現実に起きています。

ですが、性暴力の加害者が知らないオジサン、つまり見知らぬ相手であるケースは決して多くなく、むしろ顔見知りが加害者であるケースのほうがずっと多いのです。大人、子どもの別なく、性暴力といえば夜道を歩いていて暴漢に突然襲われるというイメージがいまだ根強いと感じます。しかし、性暴力について行われているさまざまな調査が、それはイメージにすぎないことを示しています。

家庭のなかに加害者がいる

一般社団法人Springによる「性被害の実態調査アンケート」の報告は、LESSON 1でも紹介しました。そこでは「挿入を伴う」性被害について、加害者は誰であったのか、そしてそのとき回答者の年齢はいくつだったのかを尋ねた結果があります（図3－1）。

被害者の年齢が7～12歳において、「見知らぬ人」からの被害は比較的大きな割合を占めていますが、**最も多いのは「親の恋人・親族」、ついで「親」です。0～6歳、13～15歳では「親」の割合が最も大きいとわかっています。**同調査であきらかになったのは、監護者を含む近親者による「挿入を伴う」性被害は、半数以上が12歳以下に生じている、ということです。

　ここでいう「親」とは、同居父、同居母、別居父、別居母です。「親の恋人・親族」とは、親の恋人、兄弟姉妹、親戚のこと。そして「見知った人」は、自身のパートナー、教職員、塾の先生、友人、

図3-1　挿入を伴う性被害の年齢層と加害者属性

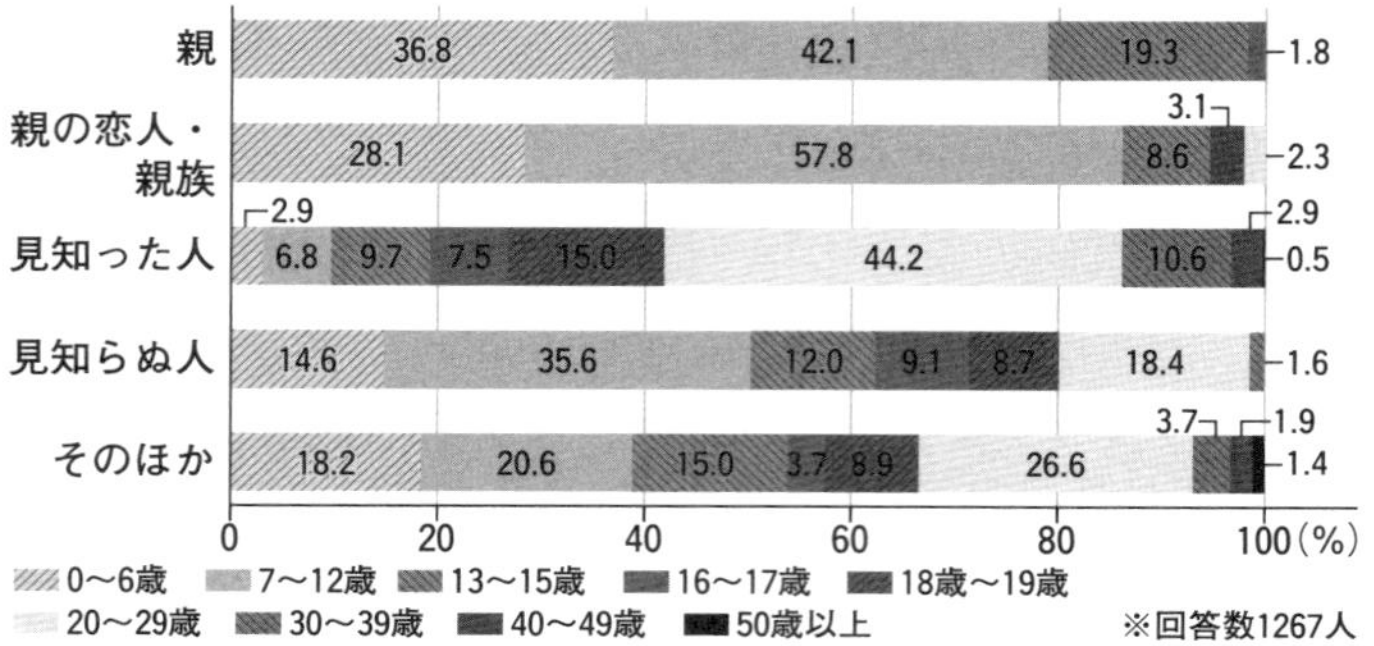

出典：一般社団法人 Spring「性被害の実態調査アンケート結果報告書①～量的分析結果～」(2020年)
http://spring-voice.org/news/200809survey_report/

知人、先輩、後輩、就活OB・OG、上司、取引先や客、医療従事者を指します。

小児性被害の多くは見知った相手、特に日々顔を合わせる身近な人物からのものであり、なかでも家族が占める割合は高い——性暴力についての講演会で私が話す内容で、最も驚かれるのがこの事実です。多くの人にとって家は安全で、安心できる場です。子どもはそんななかでこそ心身の健全な発達を期待できます。家族はその時間と場所を共有する相手で、親は自分を養育し、愛情を注いでくれる相手です。そうあるべき場や人が、性暴力の現場になり、加害者となる……考えるだけでも地獄です。講演中に視線をめぐらせると必ず、ショックを隠しきれない顔を見つけることができます。

もうひとつ、別の資料を紹介します。家庭内の性暴力——日本では「性的虐待、性虐待」といわれることが多いですが、最も水面下に隠されやすいこの性暴力についての報告書です。全国の児相と、市区町村の児童虐待対応関連部門を対象とする、子どもの性被害に関する全国調査の結果がまとまっています。

それによると、被害児童の性別等を区別しない場合、虐待者——つまり**加害者となっているのは、児相・市区町村ともに「実父」が4割弱を占めて最多でした。**

その次が「実父以外の父」で2割強、そして「実母」「実母以外の母」による性的虐待も1割弱を占めていました。祖父母やおじ・おば、保護者の内縁者や交際相手など「その他保護者」は、児相の報告では1割強、市区町村の報告では2割強でした（図3－2）。

性的虐待は、家庭内で行われるすべての虐待のなかでも、最も表に出てきにくいものです。厚生労働省が発表した令和4年（2022年）度の調査でも、心理的虐待は全体の約59％、身体的虐待は約24％、ネグレクトは約16％、そして性的虐待は断トツに少なくて約1％でした（図3－3）。ここまで読んでくださったみなさんなら、「つまり、性的虐待はほとんど起きていないのだな」と結論づけることはないと思います。家庭内虐待の報告そのものの暗数も多いですが、なかでも性的虐待の暗数の多さはケタ外れだということです。

家族間の性暴力は発覚しにくい

児童虐待は多くの場合、複合して発生します。身体的虐待と心理的虐待、心理

図3-2　児童相談所と市区町村の家庭内性暴力の対応件数

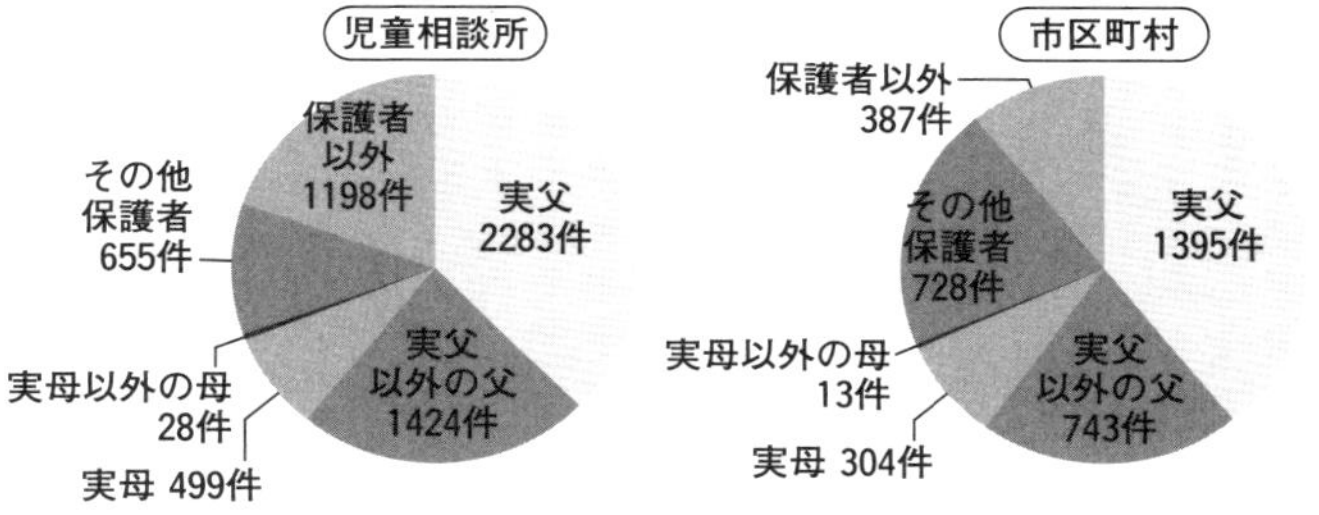

※2016～2018年度の合計、児童相談所と市区町村で対応件数の重複あり

出典：国立研究開発法人産業技術総合研究所「令和２年度子ども・子育て支援推進調査研究事業 課題番号 17（一次公募）：潜在化していた性的虐待の把握および実態に関する調査 調査研究報告書」
https://www.mhlw.go.jp/content/11900000/01report01.pdf

図3-3　児童相談所における虐待相談の内容

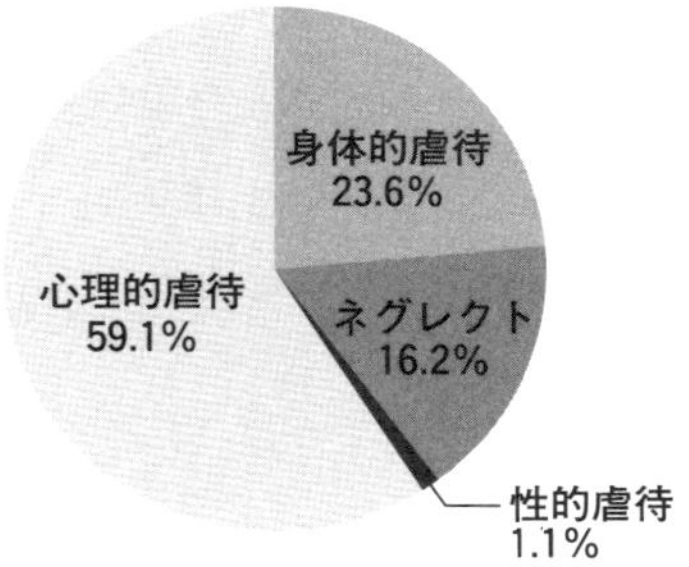

※相談の総数は21万9170件

出典：厚生労働省こども家庭庁「令和４年度 児童相談所での児童虐待相談対応件数（速報値）」
https://www.cfa.go.jp/assets/contents/node/basic_page/field_ref_resources/a176de99-390e-4065-a7fb-fe569ab2450c/12d7a89f/20230401_policies_jidougyakutai_19.pdf

的虐待とネグレクトといった具合で、性的虐待も単独では行われないことが多いといわれています。ですが、子どもが保護されるのは、「傷がある」「清潔さを保てていない」「食事が十分に与えられておらず成長が遅い」など、ある意味〝わかりやすい〟兆候が確認されたからというケースがほとんどです。**外傷が残りにくく、見た目にあらわれにくい性的虐待は、その裏に隠れてしまいます。**

加害者である家族は徹底して虐待を隠そうとしますし、子どもからの開示がむずかしいのはLESSON 1で解説したとおりです。ほかの虐待が発覚しても、性的虐待は表に出てこないまま、というのも暗数が大きい理由のひとつでしょう。すでに保護されているなかにも、性的虐待を受けながら誰にも言わないまま……知られないままでいる子どもが含まれている可能性は、決して低くないと思います。本人が「あれは性的虐待だった」と認識できていないケースもあるので、実際にはどのくらいの数になるのか想像もできません。

児童虐待事件には、こんなイメージがないでしょうか。母親の再婚相手、またはパートナーが子どもに暴力をふるい、ときに母親もそれに加勢し、子どもが大怪我をし、最悪の場合は死に至る……。そうした事件がセンセーショナルに報道されるたびにバッシングの嵐が起き、男性に対してだけでなく、「そんな男を夫／パートナーにした」母親も批判の対象となります。実の父親でない他人を家庭に入れた、子どもに近づけた母親が悪い、という意味なのだと思います。

同じイメージが、性的虐待についても持たれているように見えます。子どもに性的虐待をしているのは、母親の再婚相手あるいはパートナーが大半だろう、と多くの人が思っている。たしかにLESSON 2でも、子どもを目的にシングルマザーに近づく男性が少なからずいるとお話ししました。ですが、ここまで見てきたように、各種調査では実父からの被害のほうが多いのです。

かといって、「実父のほうが、母親の再婚相手／パートナーよりも危険」と単純に判断することもできません。そもそも分母となる数が違います。子どもが生活をともにしている家族として、母親の再婚相手／パートナーよりも実父のほうが圧倒的に多いため、こうした結果になっています。実父のうちの何％が、そして、母親の再婚相手／パートナーのうちの何％が、子どもに性的虐待をしているのか。これまた暗数が大きく、リアリティのある実態解明は簡単ではないでしょう。

家族からの性的虐待は近親姦ともいわれ、古くから最大のタブーだと思われてきました。忌避感の強さから、誰にも話せなかったり話しても信じてもらえなかったりした結果、「ないこと」にされてきました。近年、実名で被害を告発する女性が出てきて、ようやく「ある」と認識されはじめたと感じます。

家族間の性暴力で何よりつらいのは、その子どもには物理的にも心理的にも安全な場所がなくなることです。子どもは自分の意思だけで家を出ていくことはできませんから、暴力をふるわれる現場で日常生活を送ることになります。常に警戒していなければならず、緊張感のある毎日がつづくだけでなく、それがいつ終わるかまったくわからないのです。情緒が安定する時間はごく短く、勉学にも集中できないでしょう。将来に大きく影響する可能性は大です。

だったら拒めばいい、ということにはなりません。子どもの年齢が低ければ低いほど、親から言われたことに疑問をもたず、絶対だと信じます。そうなると、親からの性的な接触を拒むことはとてもむずかしい。また、すべての暴力は、強い立場の人間から弱い立場の人間に対して行われます。子どもは養育されなければ生きていけません。衣食住を親に依存している——それはつまり、親ナシでは生きていけないということです。みなさんのなかにも、「親として、自分は子どもの命を預かっている」と自覚されている人は多いと思います。親と子の立場は、圧倒的に非対称ですし、上下関係があります。

性加害者となる人たちは、その上下関係を利用します。小さな子どもは物理的に逆らえないですし、体力や体格的に抵抗できるようになっても、心理的にそれが封じられます。家庭内の性的虐待が深刻化しやすい理由のひとつに、継続しやすさがあります。**家のなかでも簡単に密室をつくれますし、加えてこの上下関係があるがゆえに発覚しにくい。大人は簡単に子どもの口を塞げます。**そのため、被害が何年、十何年にも及ぶことがあるのです。

こんな事件がありました。被害者女性は中学2年生のころから実父より性的虐待を受けてきました。それは5年以上つづきましたが、被害者は専門学校への進学資金や生活費を親から「借り受ける」という形で出してもらっていたことなどを懸念し、実父に対して抵抗することができませんでした。実母とは不仲で相談できなかったこともあり、女性は家庭内で孤立していたようです。やがて父親が起訴されて、2019年に開かれた一審では、女性が「性交を承諾・認容する以外の行為を期待することが著しく困難な心理状態」だったとは認められず、父親に無罪判決が出ました。無情な判決であるとしかいいようがありません。**生活、経済、進路をすべて握られているに等しい相手に抵抗できる人間は、この世にどれくらいいるのでしょう。**それができなかったからといって、父親が「娘は自分を受け入れている」と解釈するのも、あまりに歪んだ、そして独善的な認知です。

後に一審での判決は覆され、父親に有罪判決が下されました。娘が父親からのたび重なる性暴力の結果、抗拒不能《こうきょ》――身体的または心理的に抵抗することが著しく困難な状態にあったと認められたのです。それでも、彼女の子ども時代は二度と戻ってきませんし、親から愛情ではなく暴力を与えられて育った影響は、きっと長くつづきます。女性が支援とケアを受け、その後の人生が少しでも救いのあるものとなるよう願わずにはいられません。

加害者はあやしい外見ではない

ここまで、家庭内における性的虐待の、加害者像を探りました。とても残念なことに、小児性暴力の加害者は家庭内にかぎらず、至るところにいます。学校、塾や習いごと、登下校の路上、プールや海などのレジャー施設……こうして挙げていくと、子どもを外に出すことが怖くなる親御さんもいるでしょう。

そこで私から提案したいのが、「加害者とは誰か」を社会で共有することです。**小児性加害者とは、どんな人物なのか、そこに共通点はあるのか。それを知ることで、何に対してどう対策を講じればいいかも見えてくるはずです。**加害者を知らなければ、子どもを守るのはむずかしいです。

まず知っておくべきは、くり返しになりますが、「加害者は知らないオジサンとはかぎらない」です。次は、「あきらかにそうだとわかる見た目をしていない」です。ニュースなどで性暴力の加害者を見て、多くの人が「こんなに、なんの変《へん》哲《てつ》もない青年が……」と感想を漏らします。小児性暴力の加害者に特化した再犯防止プログラムで、２５０人もの加害者と対面してきた斉藤章佳さん（精神保健福祉士、社会福祉士）によると、外見は「特徴がない」のが特徴だそうです。どこにでも存在し、子どもに近づいてもあやしまれにくい人物像です。子どもにとって親しみやすく、大人にとっては警戒の対象になりにくい。これは、子どもを狙う加害者の戦略でしょう。いかにもあやしければ、親も子どもも警戒します。

いわゆる〝オタク〟っぽい人が小児性暴力の加害者、というイメージをもっている人は、アップデートが必要です。それは偏見にすぎず、その隣にいる、小ぎれいな服装の男性や、やさしげな風貌の男性が加害者だという可能性もあるのです。こう書くと、あの人もこの人も子どもを狙っているのではないかと疑心暗鬼になってしまいそうです。「子どもを守るためには、しかし、そのくらいの心構えでいいかもしれない」と私も思うことはあります。誰も信頼できない子育てほど、しんどいことはないでしょう。そもそも、加害者がどこに潜んでいるかわからない社会で、子育て中の親たちだけが神経をすり減らすのもおかしな話です。

そこで、加害者の共通点に目を向けたいと思うのです。それを知ることが、加害者を子どもに近づけないためのファーストステップになります。**注目すべきは、加害者の年齢、見た目といった外的要素ではなく、加害の手法です。**

小児性愛障害とは何か

手法について具体的に解説する前に、「ペドフィリア」「小児性愛者」という言葉について説明する必要があります。いずれも、その意味するところは幅広いですが、「子どもに性的関心をもつ人」「そのうえで実際に加害する人」という意味で使っている人が多いのではないでしょうか。

厳密にいうと、ペドフィリアは精神疾患の病名です。その日本語訳として「小児性愛障害」があてられています。医療の世界で「小児性愛者」といえば、「ペドフィリアと診断された人」という意味で使われることが多いです。

アメリカ精神医学会による「精神疾患の診断・統計マニュアル（通称：DSM-5）」は、日本でも診断のガイドラインとして参照されています。そこではペドフィリア＝小児性愛障害の診断基準が以下のように記されています。*1

- 思春期前の小児（通常13歳以下）を対象とする性的興奮をもたらす反復的な強い空想、衝動、または行動が6カ月以上にわたり認められる。

・本人が衝動を行動化しているか、その衝動および空想によって著しい苦痛または機能障害が生じている。そのような衝動または行動に関わる苦痛の経験は診断の要件とされていない。
・本人が16歳以上で、かつ空想または行動の対象である小児より5歳以上年長である（ただし、12～13歳の小児と持続的関係をもっている年長の青年は除く）。

リアルに性加害をした／していないにかかわらず「空想、衝動」だけでもペドフィリアと診断されることがあるということです。このほかに「チャイルド・マレスター（child molester）」という語があります。「molester」は英和辞書で引くと、「痴漢」と説明されていることが多いようです。痴漢が意味するところもあいまいではありますが、チャイルド・マレスターは「実際に子どもに性加害をする人」を指す言葉として広まっています。

ペドフィリアは「空想、衝動」にとどまっているだけなので、両者は区別されるべきだという意見があります。特にネット空間において、「ペドフィリアとチャイルド・マレスターは違う」「空想だけなら罪にならない」という主張を、以前から見かけます。けれど、ペドフィリアの診断には「衝動の行動化」も含まれています。両者を分けて考えることには、あまり意味がないと思います。

疾患とは基本的に、「好きでそうなったわけではない」ものです。ペドフィリアも例外ではないでしょう。多くの人と同じように「成人と恋愛して対等な関係を築き、成人を性的対象とできたなら……」と苦悩している当事者もいるはずです。そこからSNSでは、ペドフィリアと、いわゆるLGBTQ+といわれる性的少数者とをあえて混同した、「子どもを性的対象とするのも、ひとつの権利だ」という意見も目にします。しかし、これには「賛同できない」とはっきり言っておきましょう。

同性愛はかつて精神疾患だとみなされ、先述の「精神疾患の診断・統計マニュアル」にも記載されていました。病気でも障害でもないとして記載がなくなったのが、1973年のことです。近年、日本国内でも差別解消を求めて、同性婚の実現や、トランスジェンダーの性別移行要件の見直しなど、性的少数者の権利を保障するための法整備が求められています。その当事者たちのなかにも「好きでそうなったわけではない」という人は多いはずです。彼ら彼女らが差別され、異性愛者や性別違和がないマジョリティと同等の権利を得られない現状は、法的にも社会的にも早々に改善されるべきです。

では、「子どもを性の対象とするのも、権利だ」というのはどうでしょう。これは、完全なる履き違えだといわざるをえません。**子どもという脆弱な存在に、あらゆる力の差を利用して性的行為を強要する権利など、あろうはずがないからです。**人を殴る・蹴るなどして危害を加える権利が誰にもないのと同じです。加害されず心身の安全が守られる権利を侵害するものは、権利とはいえません。

ペドフィリアは身近にきっといる

一方、小児性暴力を「病気のせいにするな」という声も聞きます。それは、まったくもってそのとおりです。ペドフィリアと診断された人が子どもに性加害をしたなら、「病気だからこうなった」という話をする前に、まずはその行為自体の罪を問うべきです。診断は、加害行為を免責するためのものではありません。疾患であるということは、医療的アプローチによって行動化を未然に防げる、または再犯を予防できる可能性があるということです。自分がペドフィリアであることで、苦悩している当事者もいます。であればこそ、彼らが行動化する前に医療にアクセスできれば、本人にとっても、被害に遭うかもしれない子どもたちにとってもメリットがあります。

アメリカのエイブルという精神科医が、「未治療の性犯罪者が生涯に出す被害者は、平均380人」という研究結果を1987年に発表しました。[*2] にわかには信じがたい数字だと思われるかもしれませんが、性暴力の実態を知れば知るほど、納得のいく数字だと思えてきます。先述の斉藤章佳さんは、反復する性加害行動には、依存症の側面があることを多くの著書で指摘されています。日本に特有で、かつ子どもも多く狙われる痴漢では、加害者1人による被害者が何百人、何千人となることも稀でなく、加害者自身もその数を把握できないでしょう。痴漢加害者が出す被害人数、回数について本格的な調査をしたら、380人という数字を軽く上回る可能性もあります。

依存症とは、嗜癖《しへき》行動に耽溺《たんでき》して「やめたくても、やめられない」状態になる病です。衝動を抑えることができず、自分でも気づかないうちに行動化、つまり現実に加害行為をしています。子どもに加害するペドフィリアにこうした依存症の側面があったとしても、「仕方ない」ことにはなりませんし、やはり免責されていいものでもありません。LESSON 2で解説したとおり、一度の性被害が子どもから奪うものが、あまりにも多いからです。しかし依存症には、衝動が起きたときに自分で対処できるようになるための治療がある、ということは広く知られてほしいです。

では、精神疾患であるところのペドフィリアは、世界にどのくらいいるのでしょうか。2000年代初頭の研究では、それは推定上限値5％だとされてきました。[*3] 100人いれば、そのうち多くて5人がペドフィリアだということです。

その後、フィンランドやドイツで行われた大規模調査により、有病率1％という数字が導き出され、現在はこれが有力だとされています。[*4] これは「実際に加害した」人の割合ではなく、「子どもを性的対象と見ている」人の割合ですが、**男性100人のうち1人がペドフィリア――子どもを育てる親にとっては脅威だと感じられる数字でしょう。**「身近にもきっといる」と思わされるに十分です。

LESSON 1で、2歳の子が性被害の犠牲になった事件について触れ、0〜6歳の被害者も少なからずいることについて書きました。同様の事例は世界中で報告されています。

2015年にはノルウェーで、32歳の男が生後2カ月の息子をレイプし、その映像のデータを小児性愛者が密《ひそ》かに集《つど》っているオンラインの同好会に送信したと裁判であきらかになりました。検察官は「ノルウェー法史上、最も深刻な虐待事件のひとつ」と述べ、父親は犯行を認めています。[*5] また、2023年にはアメリカで、生後3カ月の赤ちゃんをホテルでレイプしようとした71歳の男が逮捕されました。男は法廷で、児童性犯罪の手配、児童のわいせつな画像の作成と配布、過激なポルノの所持を認め、80カ月の懲役刑が言い渡されています。[*6]

ひと口に〝子ども〟に性的欲求を抱くといっても、「〇歳前後しか対象とならない」というように、年齢が非常に限定的であるケースが少なくありません。0〜2歳の乳幼児を対象とする人を「ネピオフィリア」といいます。この層についての論文はとても少なく、研究が進んでいるとはいえませんが、アメリカの連邦捜査局が管理する全米事件ベース報告システム（NIBRS）に、参考となるデータがあります。性被害に遭った人のデータを分析し、**被害時の年齢分布を調べたところ、ピークが2カ所ありました。まずは14歳前後、思春期にあたる子どもです。そして次が、5歳前後でした**(図3－4)。

また、別の大規模警察データベースによる調査でも、押収した児童ポルノ画像2万4000枚超のうち、0～2歳未満を写したものが全体の1～2%ありました。全体を見ると、女子の画像のうちおよそ半数、男子のうちの73%は、思春期前の子どもを写したものでした[*7]。

こうして見ると、ネピオフィリアは極めて稀な存在だとわかります。1995年には、実際に犯罪を犯したネピオフィリア10人と、ペドフィリア28人を比較した結果が報告されています。ネピオフィリアによる被害者は、平均年齢3・8歳であり、そこには2～5歳の子らも含まれていました。子どもの年齢だけで、両者を厳密に区別することができなかったのです[*8]。どちらにしろ、そんな幼い子に性的関心をもつ人間の存在自体、考えたくもないという人が多いと思いますが、この社会に確実に「いる」ことを前提にしておく必要があります。

図3-4　性被害者の年齢分布

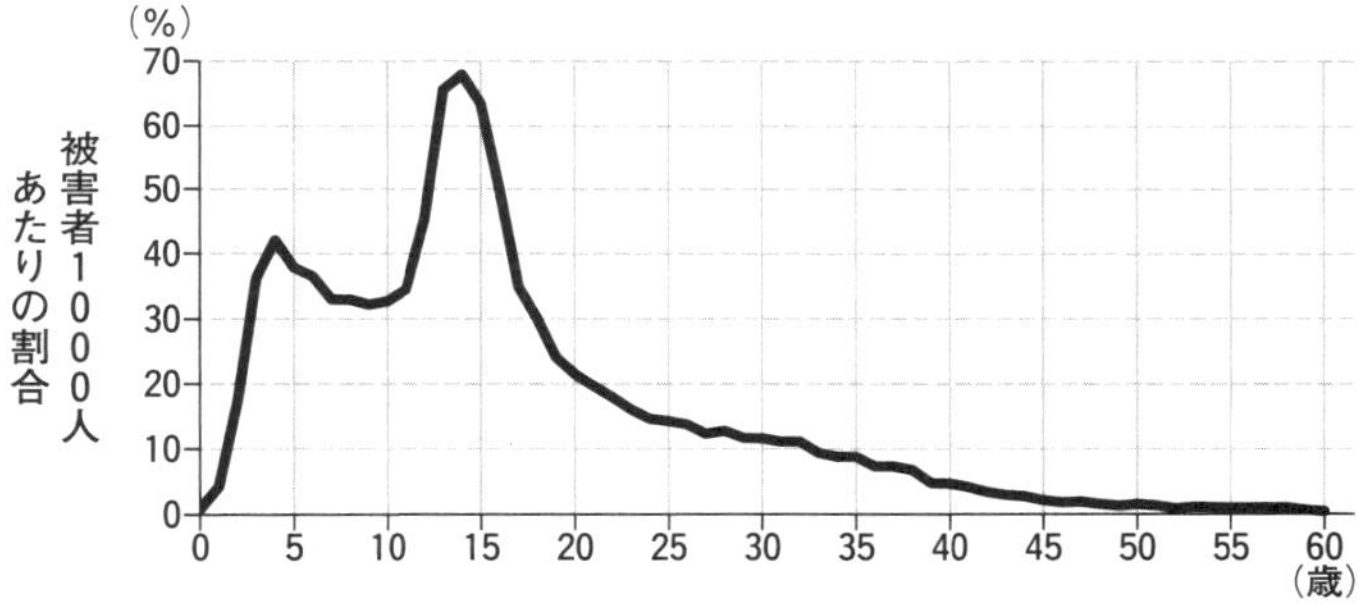

出典：Snyder, H. N. Sexual assault of young children as reported to law enforcement: Victim, incident, and offender characteristics. A NIBRS Statistical Report 2000. Washington, DC: Office of Justice Programs.

ベビーシッターが重ねた犯行

日本でも、2014年に起きた痛ましい事件があります。

シングルマザーがベビーシッターをネット上で探し、ある20代の男に幼い息子ふたりを預けることになりました。男は2歳の兄にわいせつ行為をした後、その子を殺害。生後8カ月の弟はミルクを与えられず裸のまま放置されたため、低血糖症になり死亡しました。男は児童買春・ポルノ禁止法違反罪でも逮捕されましたが、所持していた写真のなかには生後8カ月の男児の下半身を写したものもあったと報道されています。

実は子どもたちの母親は、それ以前にも同じ男に預けたことがあったのですが、トラブルがつづいたため二度と依頼しないと決めていました。ところが男は、ネット上で女性を装って母親からの予約を受け、しかも別の人物に子どもを迎えに行かせる巧妙さで、子どもを手元に呼び寄せることに成功しています。[*9]

ほかにも国内の事件で記憶に新しいところでは、2019年のいわゆる「キッズライン事件」があります。ベビーシッターのマッチングサービスを介して子どもを預かった男が、5〜11歳の男児20人に性加害をしたとして逮捕、起訴されました。強制わいせつと児童ポルノ禁止法違反を合わせて、なんと56件。4年4カ月も犯行をくり返したといいますから、表に出てきていない被害者がほかにいてもおかしくありません。起訴されたすべての犯行に有罪判決が出ました。

また、同じマッチングサービスに登録していた別の男が、2020年に、5歳の女児に対する複数回の性加害で逮捕されています。[*10] このサービスは、誰でも簡単な手続きでベビーシッターとして登録できるものでした。

幼児や未就学児をも性の対象とするペドフィリアが「いる」ことを前提としていないシステム設計だった時点で、運営側の認識不足だったとしか言いようがあ

りません。この現実が広く共有されていれば、少なくともサービスを提供する側は意識を変えざるをえないはずです。

「子どもに接触する仕事に就く人には厳しい目を向ける」を、個人で行うには限界があります。子どもを預かる側の組織や施設がしっかりチェックするだけでなく、社会全体で目を光らせ、対策すべきことです。

ここまで、子どもへの性加害者がどれだけいるのかを見てきましたが、数ばかりが重要なわけではありません。先述したように、1人の加害者が380人、またはそれ以上の被害者を出すのです。1人いるだけでも、それは子どもにとって大いなる脅威です。

「変態」と片づけてはいけない

ペドフィリアは先天的なものか――。これは世界で多くの人が関心を寄せているテーマで、驚くことに小児性暴力の加害者の脳をMRI検査により調べるという研究も行われています。MRI検査とは、磁力で脳やその周辺血管の構造を評価する画像検査のことで、人間ドッグなどで受けた経験がある人もいるでしょう。小児性加害者とそうでない人の脳を対象に、構造的な差がないかどうかを比べるという研究は、たいへん画期的です。

これまでに、小児性加害者は脳の2カ所である変化が起きているという研究結果が発表されています。ひとつは、眼《め》のくぼみの奥あたりに位置する「眼窩《がんか》前頭皮質」。性的行動を抑えるなど、人間の行動をコントロールするのに重要な役割を担います。MRI検査で見たところ、小児性加害者の特徴として、この眼窩前頭皮質に「左右差がある」と指摘されました。[11] 全体が小さくなる、つまり萎縮は認められておらず、なぜ左右差があるのか、左右差があることで何がもたらされるかまでは、いまのところわかっていません。

もうひとつは「側頭葉《そくとうよう》」、両耳の上から後ろにある脳の一部です。ここに障害が起きると、性欲が亢進《こうしん》し、性的な空想や行動に過剰にとらわれ、制御不能になることがわかっています。それだけでなく、小児性愛的な行動が増加し、性的関心を示す対象が異常なほどに拡大すると結論づける研究もあります。[12] こうして、子どもにも性的関心を示すようになっている可能性があるということです。

つまり、**眼窩前頭皮質の変化は小児性加害を実際に行動に移すことに関連し、側頭葉の変化は子どもに性的な関心を持つことに関連している**と発表されたのです。まだまだ研究の余地がたっぷりある分野で、わかっていないことも多い点には注意が必要ですし、一足飛びに「子どもに性的関心をもつような人間は、脳に異常がある」「だから自分たちとは違うんだ」と解釈するのも危険です。当然、「ペドフィリアは先天的なものである」と決めつけることもできません。あくまで、小児性加害を「すでにした」人たちに共通した所見だったため、そもそも脳の変化があったから性加害をしたのか、それとも性加害をした結果、こうした脳の変化が起きたのかが、わからないのです。ニワトリが先かタマゴが先か、ということです。

そして仮に、もともと脳にこうした特徴をもって生まれてきた人がいるとして、そのすべてが小児性加害をするわけではない、ということも忘れてはなりません。適切な養育環境に恵まれ、そのなかで性教育を受け、人との関係の築き方や子どもは守られるべき存在であることを学んでいれば――つまり環境と教育によって、性加害をしない人間でいることは十分可能だと考えられるからです。

また、こうした身体の一部の形状や機能に特性があるからといって、「自分たちとは違う、生まれつきの変態が子どもをエロい目で見るんだ」という一面的な解釈をすることは避けるべきです。その可能性を全否定はできませんが、**性加害をした個人の問題にしておしまいと片づけるのも、根本的な解決にはならないと思います。**加害者個人の責任を問いつつも、小児性暴力が起きやすい環境、小児性加害者に寛容で、ある意味野放しになっている社会の問題に目を向けつづける必要があります。

日本では、小児性暴力を社会の問題としてとらえられていないと思う点が多々あります。性加害者個人の問題にしているままでは、再発を防ぐのはむずかしいでしょう。小児性暴力を社会全体で予防することを考えたとき、ペドフィリアが先天的か否かということは、さして大きな問題ではなくなると思います。

アニメ&マンガと小児性愛の関係

いまでも日本では、〝オタクっぽい〟男性が、子どもを性の対象とするイメージが根強いと思います。そこで、アニメやマンガなどにおける幼い子どもの表現が、小児性暴力を助長しているのではないかという疑問について考えたいと思います。実際、そうしたコンテンツで子どもが性的に表現されることがありますし、作者にその意図がないコンテンツでも読者・視聴者が性的な目で見ることはあるでしょう。

ただし、社会にそうしたコンテンツへの偏見があることを抜きに、この話をしてはいけないとも感じます。1988〜89年に発生した東京・埼玉連続幼女誘拐殺人事件の犯人は、部屋から大量のビデオテープが押収されたと当時報じられました。「幼い女の子が登場するアニメやマンガが大好きだったことが、4人の子どもにわいせつ行為をし、殺害した一因となっている」という論調がメディアによって形成されたのを、覚えている人は少なくないでしょう。このように因果関係がはっきりしないセンセーショナルな報道は、アニメやマンガを愛好する人たちへの偏見につながります。

その因果関係を検証するべく海外の論文を探しても、科学的に書かれたものは、あくまで私が検索したかぎりですが見つけられませんでした。論文以前に、**アニ**

メやマンガで子どもを性的に描くという文化が、日本以外にはほとんどないのです。日本に特有の課題だといえますが、国内でも研究や科学的検証が進んでおらず、一般的な議論も十分になされているとはいえません。科学的根拠にもとづかない感情論をぶつけ合うのは、議論とはいえないでしょう。

それにしても、センシティブな問題です。小児性加害者と実際に接すると、明らかにその文化が小児性愛という加害的な嗜好の入り口だったのだろうと思わされる人も少なくありません。もともと子どもに性的関心があったわけではないけれど、アニメやマンガで幼い子が性的に凌辱《りょうじょく》されている、またはそのように見えるシーンと出くわし、性的な興奮を覚え、その後、子どもにしか性的関心を抱けなくなったと語る人もいます。

だからといって、そうしたコンテンツを諸悪の根源として、すべて規制すればいいのか——。個人的には、あまりに野放しな現状を見ると、なんらかの規制はあってもいいのではないかとも思います。しかし、あくまでフィクションとして描かれているものを、「現実とは違う」「現実の子どもにしてはならない」とわかったうえで接する姿勢が多くの人に徹底されていれば、被害者が出る事態にはつながりにくいはずです。規制が現実的ではないのなら、こうしたコンテンツに触れる年齢になる前に、性教育でそのことをしっかりと教える必要があります。日本では現状、性教育が圧倒的に足りていません。規制するかしないかの議論に終始するのではなく、そうした表現に触れた人が加害者にならないようにする性教育をどう実現するかという議論も必要です。

私が気にかかっているのは、子どもを性的に描く表現が、成人を対象としたポルノ作品にとどまらないということです（ポルノ作品であればいい、という意味ではありません）。未成年でも制限なく目にすることができる青年コミック誌、ややもすれば少年コミック誌にもそのような表現が見られることがあります。これを**子どものころから目にしていれば、知らず知らずのうちに「子どもに性的な関心をもっていい」と植えつけられてしまいます。**

小児性加害者１３２名の生育歴を調査した研究では、10歳未満でポルノに触れる割合が65%だったという報告もあります。当然これは、記述統計といって、数字のみを述べたものなので、ポルノに触れた経験と加害行為の因果関係まではわかりません。一方、こうしたコンテンツで子どもへの性的関心が芽生えたとしても、すぐに加害行為に出る人は多くはないのです。このことからも、直接の因果関係を証明するのはむずかしいでしょう。

先述したように、子どもを性の対象にする背景には、脳の形状が影響している可能性もあります。そのため、そこにアプローチする小児性愛者の〝治療〟は今後ありうるかもしれません。しかし、それが可能になるのはまだかなり先のことで、いまのところは嗜好自体を変えられないと考えたほうがよいです。ただ、嗜好をもつことと、それを実行に移すことは違います。**嗜好に悩んでいようがいまいが、加害行為は加害行為なのです。**

トイレの前で父親のふりをする男

どんな性的嗜好であれ、それは見た目にはあらわれません。また、たとえペドフィリアと診断された人の脳に何かしらの問題や人との違いがあっても、それも外見からは判別できません。そういった意味でも、子どもを性被害から守ろうとするとき、いかにもあやしく見える人に気をつけるばかりでは、対策にはならないことがわかります。加害者も、特徴的な外見は親にも子どもにも警戒されるだけだと自覚しているのです。

気にすべきは見た目でなく、「加害者はどんな行動をするか」です。アメリカの児童保護サービス機関が把握した、児童虐待とネグレクトに関する全国データについての報告によると、小児性被害のうち81％が、子どもと加害者が1対1になったときに起きていました。[*13] 加害を目論《もくろ》んでいるのであれば、そのシチュエーションを自分でつくる必要があります。そこで加害者は、子どもに近づいてもあやしまれにくい状況を利用します。それどころか、子どもに好かれ、子どものほうから近づいてくる状況をつくることもあるくらいです。これは加害者にある程度、共通して見られる行動のひとつです。子どもを小児性暴力から守るためには、こうした行動パターンを知り、そのアプローチを阻む必要があります。

家庭内の性的虐待では、加害者の最も身近に子どもがいます。一方で家庭外の性加害の場合、加害者がその歪んだ欲望を行動に移すには、まず子どもに接触するところからはじめなくてはなりません。そのチャンスが多いか少ないかは人によりますが、なくてもつくり出せるのがおそろしいところです。

たとえば、こんな事例が報告されています。フードコート近くのトイレ前で、子ども用のリュックや水筒を持って座っている男。誰もが「子どもがトイレから出てくるのを待っている父親だ」と思うでしょう。しかし男は、そうした小道具で〝父親に擬態〟しながら、子どもを襲うチャンスを待っていた――。現場の警備員が、1時間もずっとトイレの前に座っている男を不審に思って声をかけ、このときは事なきをえましたが、男がそれまでにこの方法で性加害をしなかったとはかぎりません。[*14]

近年は育児に積極的な男性が増え、こんなお父さんの姿はめずらしくありません。それ自体はよろこばしいことなのに、子どもの面倒をみる父親を装って性加害をしようとするのは、実に卑劣です。**性加害者は子どもがひとりきりになるチャンスを常にうかがっていることが、よくわかる事例でもあります。**

子連れの外出では、ひとりで用を足せる年頃であれば「行っておいで」と子どもだけでトイレに行かせることもあると思います。プールの更衣室なども同様です。「短時間のことだし、親がすぐ近くにいるのはあきらかだし、大勢の人の目があるから大丈夫」と思いがちですが、その裏をかく事件は起きています。有名なものでは、2011年に発生した、熊本3歳女児殺害事件があります。

両親と5歳の兄とスーパーに買い物に来ていた女の子がトイレに行きたがり、手を離せなかった父親はひとりで行かせることにしました。そのあとを男がついていき、女児を障害者用トイレに連れ込み、性加害をし、殺害した――この間、たったの15分。男は、その小さな遺体をリュックサックに入れてスーパーをあとにし、排水口に遺棄したという、非常に残忍な事件です。

『子どもは「この場所」で襲われる』(小学館新書、2015年)などの著書がある社会学者・犯罪学者の小宮信夫さんは、この事件を「物理的に〝見えにくい〟場所で起きたもの」と指摘しています。そのトイレは構造的に、従業員やほかの買い物客からの死角になっていました。男は、犯行の4時間前から現場をうろつき、ひとりになる子どもがいないか探していたそうです。そして、その見えにくい状況を利用したというわけです。小宮さんは、**「不審者・犯罪者といった〝人〟ではなく、犯罪が起きる〝場所〟に注目することが防犯につながる」という「犯罪機会論」**を提唱されています。この場合、男が子どもに近づく〝チャンス〟をトイレがつくってしまったことになります。アメリカでも、場所に注目した研究があります。警察の犯罪抑制プログラムの有効性を検証した65件の研究があり、それらを統合的に分析した結果、犯罪が集中している狭い地域が存在するとわかりました。そして、それらの地域に焦点を当てた〝ホットスポット警察〟が犯罪防止戦略として有効だと証明されました。[*15]

加害者にとってのチャンスを一つひとつ潰していくことで、子どもの安全性は確実に高まります。それと同時に、子どもを狙う性加害者たちの特性も知っておいたほうがいいと私は考えます。彼らは事前に入念な下調べと準備をし、子どもを襲うチャンスが訪れるのをひたすら待ちます。親にとっては「ちょっとのあいだ」でも、彼らにとっては何度も頭のなかでシミュレーションした計画を実行に移す千載一遇《せんざいいちぐう》のチャンスが、やっとめぐってきたことになります。

ここまで読んでくれたみなさんなら、「子どもを好きな変態が、性欲を抑えきれなくなり突発的に子どもを襲う」というイメージは薄まっているのではないでしょうか。加害者は用意周到で、非常に狡猾で、そしてとても粘り強いのです。

学校の教員による性暴力の実態

加害者が子どもに接触するための方法として、「子どもに接する職業に就く」があります。彼らにとって、これはとても有効な手段です。アメリカでは、「小児性暴力の多くが、意図的に子どもと接触できる雇用やボランティアの機会を求めている」と指摘する研究もあります。[*16] 私は小児科医としても、子育て中の親としても、日本ではこのことがもっと問題視されなければいけないと感じます。

そんな職業のひとつが「先生」です。小児性被害に関心がある人なら、「学校の教員や職員から児童・生徒が被害を受けた」というニュースが多いことにはお気づきでしょう。子どもへの性加害はあるまじきことですが、子どもを預かり、教え導くことを職務とする教員が、その加害者となる——。それが特に許しがたいと思うのは、ごく一般的な感覚でしょう。ゆえに報道でも取り上げられやすく、印象にも残りやすいという事情もあるとは思います。では、その実態はどうなっているのでしょうか。学校での性被害については、いくつかの統計があります。

文部科学省による「公立学校教職員の人事行政状況調査（令和4年度）」では、2

０２２年度に**児童・生徒らへの性犯罪・性暴力**（わいせつ行為）**や同僚らへのセクハラで処分された公立学校教員は、２４２人だったと報告されました。**前年度と比べて26人増であり、10年連続で２００人台を記録しています。処分されたうち、約98％が男性の教員でした。児童・生徒にあたる18歳未満の子どもへの性暴力で処分を受けたのは１１９人、そして被害者全体のうち、45・1％（１０９人）が「自校の児童・生徒」でした（図３−５）。

もちろんこれは、氷山の一角です。小児性被害は被害認識を持ちにくいということはすでにお話ししましたが、学校という場、教員と生徒という関係は、性暴

図3-5　教職員による性犯罪・性暴力などの相手

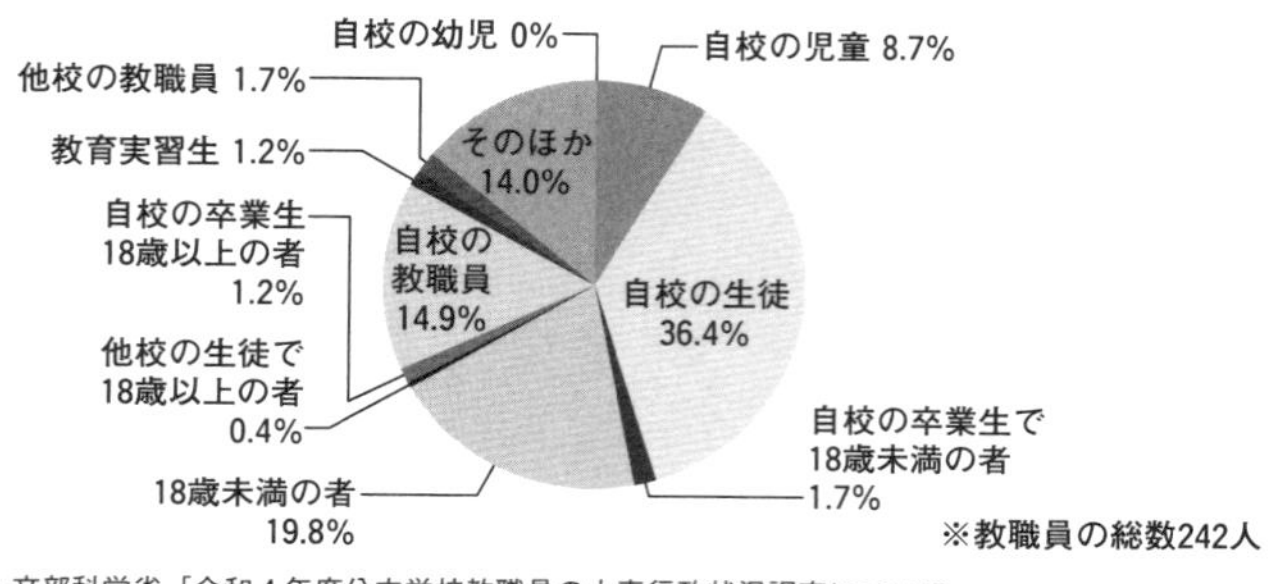

出典：文部科学省「令和４年度公立学校教職員の人事行政状況調査について」
2-4-1「性犯罪・性暴力等に係る懲戒処分等の状況（教育職員）」
https://www.mext.go.jp/content/20231222-mxt_syoto01-000033180_45.pdf

力の認識・発覚を著しく妨げます。被害を受けながら、それを性暴力だと思っていない子ども、誰にも言えずひとりで心身の傷を抱えている子どもは、過去にも現在にも必ずいます。学校で教員からされたことを「あれは性暴力だった」とあとから気づくケースも多く、その全容とこの数字のあいだには大きすぎる隔たりがあると断言できます。

子どもにとって学校は、家庭に次いで長い時間を過ごす場です。〝先生〟と呼ばれる存在を子どもは基本的に信頼しますし、親・保護者も同様だと思います。教員になるために大学で学び、資格を取り、そして教壇に立っている――真面目で、愛情深く熱心な人物が理想でしょう。同時に、〝先生〟と児童・生徒のあいだには、圧倒的な上下関係があります。昔から「先生の言うことを聞きなさい」と言われます。私自身も聞いてきましたし、親世代のみなさんも同じでしょう。ご自身のお子さんにもくり返し言い聞かせていると思います。

しかし、加害教員がそれを利用していると知れば、考えが変わるのではないでしょうか。**教員の言うことをよく聞く従順な子どもにはグルーミング**（148ページ参照）**を行いやすい。そして、子どもは子どもで被害に気づかないか、気づいて**

も隠そうとします。学校の教員は加害行為をしても、その発覚を回避しやすい立場だということです。

誤解してほしくないのは、大半の教員は教育者として適切に児童・生徒に接していることです。ですが前述のとおり、小児性加害者、あるいは小児性加害の願望をもつ者が子どもに近づくには、「子どもに接する職業に就く」のが有効なアプローチ法になります。ただ、実際の加害者らが「最初から子どもへの性加害が目的で教員になった」のか、「教員の仕事をはじめてから、それを実行しやすい環境に気づいた」のかは、わかりません。これもニワトリが先かタマゴが先かという側面があります。

私は小児科医で、同じく子どもに日々接する職業ですが、専門医となる前に「子どもに性的関心をもっているかどうか」「子どもに性加害をしたことがあるかどうか」を問われたことは一度もありません。私自身、これまでに同じ小児科医の男性が「女の子の診察だと、ちょっとうれしいよな」と話すのを聞いたことがあります。ゾッとしましたが、ペドフィリアは「100人に1人」という推計を考えると、小児科医のなかで彼ひとりがそうであるとは思えません。自己申告でのチェック機能に限界があるのは当然ですが、現在の日本ではそれすらもなく、子どもを狙う人物たちがいとも簡単に、子どもに接する職業に就けます。

塾講師や習いごとの先生が加害

「子どものそばにいる」「子どもと密室でふたりきりになるチャンスがある」「行動をともにしてもあやしまれない」というのは、子どもを狙っている者たちにとってはうってつけの条件です。小児科医や学校の教員だけではありません。**学童保育指導員、児童養護施設の職員、塾の講師、スポーツクラブや習いごとの指導者、幼稚園バスの運転手……教育関係で子どもに近づきやすい仕事はたくさんあります。**子どもは本来、多くの大人に見守られながら育っていくのが理想ですから、それを逆手《さかて》に取っているともいえるでしょう。

２０２３年、東京都にある大手の学習塾で、講師として勤めていた20代の男が、当時7～11歳の女子生徒12人の下着などを盗撮していたことが発覚しました。それだけでなく、勤務するうえで知りえた女子生徒らの名前、住所、学校といった個人情報とともに、その写真をペドフィリアが集うグループチャットに投稿していた——このニュースは、子育て中の親にとって衝撃だったと思います。翌年に東京地方裁判所で行われた公判では、裁判官が判決を言い渡すときに、**「塾の講師の立場を利用して被害者の警戒心がないことをいいことに、下着が撮影しやすい体勢をとらせるなどして撮影した。発覚しづらい犯行だ」**と、職業・立場を利用した犯行であると明言しました。塾講師は、学校の教員と違って特に資格もいらないだけに、より性加害目的の人物が入り込みやすい要素はあると思います。

習いごとにおいても、子どもにとって先生や監督、コーチなどは自分たちを指導し、大会や発表会に出るメンバーを選ぶ決定権をもつ、目上の大人です。ここにも、あきらかな上下関係があります。アメリカでは2018年、米国体操連盟所属の男性スポーツドクターが、長年にわたって女子選手に性加害をしていた事実があかるみに出ました。被害者のほとんどは10代で、その数はわかっているだけでも150人以上です。治療と称した望まない性行為を男に強いられたとする告発が相次ぎましたが、連盟が信任する医師なので、女子選手らが告発するには多大な勇気が必要だったはずです。男は現在、禁錮60年の刑に服しています。[*17]

ドイツのスポーツクラブの調査では、参加者の約3分の1が性被害を経験しているという結果が出ました。[*18] ここでも言わずもがなのことですが、多くの指導者は子どもが楽しくスポーツに取り組み、各競技の力をつけていくべく教え導いています。そうやってつくり上げられた信頼関係を利用して、子どもを襲う加害者がいる。彼らにとって入り込みやすい構造があることが、問題なのです。

芸能や競技スポーツなどにおいて、子どもにも競争心、課題達成へのプレッシャー、野心はあります。真剣に取り組んでいる子ほど強いでしょうし、そうした気持ちとどう付き合うかを学ぶ機会は、成長過程においてたいへん貴重でもあります。しかし同時に、子どもが指導者と依存関係に陥りやすく、指導者を勝手に理想化するというリスクと隣り合わせです。

子どもの体に触れられる水泳教室

日本国内では２０２３年、水泳教室での小児性被害が相次いで報道されました。そのなかには全国２００店舗以上を誇る、国内最大規模のスポーツクラブで起きた事件もあります。水泳のレッスンが終わり、母親が娘の着替えを待っていたところ、娘はいつもより20分近く遅れて更衣室から出てきました。母親に理由を聞かれた娘が返したのは、「先生の〝どじょうさん〟をペロペロした」「苦くて、ペッとした」――。先生というのは大学生の水泳指導員のことで、その男は2カ月後、強制わいせつの疑いで逮捕されました。最初の報道の時点では、スポーツクラブから親に謝罪もなかったとのことです。[*19] 加害した本人が罪に問われるべきであるのは当然のこととして、クラブにも、組織としてそれを防ごうとしていたのか、今後はどう防いでいくのかを説明する責任があります。

小児性被害者の支援者である弁護士さんから聞いた話では、**「小児性犯罪が起きるのは水に関する場所が多い」**そうです。トイレ、お風呂（銭湯などの公衆浴場含む）、そしてプールです。更衣室が死角となりやすく、水泳教室となれば、指導者が子どもの身体に触れても、子どもも親・保護者も不自然だと思いにくい。加害者はそうした状況を利用し、実行に移せるタイミングを待ちます。環境さえ整っていれば、彼らとしてはあわてる必要はありません。

逆にいえば、そのどこかの段階で性加害の実行をブロックする必要があります。

それは、スポーツクラブや商業施設といった組織の役目でしょう。

また、教員や指導員といった職業でなくとも、立場を利用して子どもに近づくことは可能です。２０１７年、ベトナム国籍の９歳の女の子が性被害の末に殺害された千葉小３女児殺害事件。逮捕された40代（当時）の男には、女児と同じ学校に通う子どもがいました。男は、立候補して保護者会の会長を務めたり、毎日のように通学路で児童の登下校を見守る活動をしたりしていました。そのため周囲からは、子どもが好きで、地域の活動にも熱心な人という印象があったようです。しかしその実、見守り活動は子どもに近づき、ターゲットを見定めるための手段だったのではないか――。そう考えると、背筋が凍ります。

男の古い知人らは、彼が子どもを性の対象としていることを知っていたという報道もあります。そうとわかる発言をして憚らなかったそうです。[*20] やはり、どこかで事件につながる道をブロックできたのではないかと思わずにいられません。

小児性暴力をくり返しながら、まだ発覚していない人物。子どもに性的関心があり、機会があれば実行に移したいという願望をもつ人物――。彼らを子どもにかかわる仕事に就かせない、子どもに近づけないのがいちばんですが、現実にはむずかしいことです。加害したことが発覚するまでは、その本性はわかりません。しかし、**そうした人物が子どもたちのいる環境に入り込んだとしても、そこが“性加害を実行に移しにくい場所”であれば、子どもは守られます。**

加えて、一度でも子どもに手をかけた人物を、二度と子どもに近づけないことはできるはずですし、やらなければなりません。日本の現状では、環境づくりも、近づけない対策も甚《はなは》だ不十分です。学校や習いごとといった組織内部で起こる性暴力は、個人ではなく組織で予防に取り組まないとなりません。詳細は、LESSON 5で解説します。

洗脳のようなグルーミング

外見からは見分けられない小児性加害者を、行動で見分ける。加害者に共通する特徴的な行動として、①入念な下調べのもと子どもに接触する、②子どもに接する職業や役割に就く、というものがあるとお話ししてきました。最後に取り上げたいのが③グルーミングです。①も②も、③を行うためのステップであるといっても過言ではありません。

グルーミングとは、ここまでにも何度か出てきましたが、ひと言で表すなら「手なずける」となります。私なりの言葉でより詳しくいうと「**性加害を目的に、親切を装って子どもに近づき、信頼や依存を高めて油断させること**」となり、一種のマインドコントロールです。子どもへの性的接触を行う際にかなりの確率で加害者が用いてくる、卑劣な手法です。

何が卑劣かというと、子どもが「自分から加害者に近づいていった」「こんなことをされたのは、自分のせいだ」と錯覚してしまうことです。それによって、酷いことをされながらも、加害者に言われたとおり秘密を守ろうとし、被害がますます深刻化します。大人が子どもにグルーミングを仕掛けるのは、いってしまえば「たやすい」のだと思います。子どもは心身が発達段階にあり、人間関係の経験値も少なく、判断能力が十分には身についていません。そこにつけ込むことに、グルーミングの悪質さがあらわれています。

「知らないオジサンについていかない」が、子どもの性被害予防にほとんど有効でないことはこれまでにも再三お話ししてきましたが、大人が想定する「知らない」と、子どもにとっての「知らない」は別であると考えたほうがよいです。子どもにとっては、よく行く公園で見かけるオジサンは「知っている」人です。その人が笑顔であいさつをしてくれたり、たまにお菓子をくれたりすると、子どものなかで信頼感が芽生えます。この時点で加害者のグルーミングがはじまっている可能性もあります。そして、子どもが「やさしいオジちゃん」と思えば、それは加害者にとって大きな手応《てごた》えを意味します。

子どもを狙う人物は、子どもが好きなもの、欲しがっているものをよく知っています。それは、小さな子であればお菓子だったりおもちゃだったりしますが、そのうち褒め言葉、相談相手、ひとりの時間やさみしい気持ちを埋めてくれるもの、自分はちょっと特別な存在なんだと思わせてくれるもの……と、子どもの成長段階に合わせて変化していきます。子どもは基本的に、大人に褒めてもらいたいし、認めてもらいたい傾向があります。加害者はそうした実感を得られるものを与えながら子どもに近づき、自身の存在が子どもの生活の一部となるように溶け込み、子どもが油断するのを根気よく待ちます。

デジタル性暴力についてはLESSON 4で詳しく解説しますが、SNSやゲームなどのオンラインをとおして知り合い、話を聞いたり、相談に乗ったり、「かわいいね」「歌が上手だね」と褒めたりして、子どもの心をつかむオンライングルーミングも横行しています。同年代や同性を装って声をかけ、共感を示すことで、子どもの心に入り込む手法が定番です。**親が思う以上に、子どもにとって「ネットで知り合った相手」は親しみを感じ、親にもリアルの友だちにも話せないことを打ち明けたいと思える存在です。**

自分の子ども時代をふり返って、そんな存在を欲していた時期があると思う人は少なくないでしょう。子どもにとってのささやかで、しかし普遍的な願望を加害者は利用するのです。悩みを吐露《とろ》すれば「わかるわかる」と共感を示し、ときに親や先生の悪口で盛り上がり（親としては悲しいことですが、思春期にはよくあることですね）、子どもにとって理想的な理解者のように振る舞うことで、自分に依存させ、少しずつ生活を支配していきます。そして頃合いを見計らって、リアルに会うことを求めたり、下着姿や裸の写真を撮って送るよう要求したりします。

グルーミングでは、急速に距離を縮められることはあまりなく、子どもの警戒心を解きながら徐々に接近します。接触した後も同様です。肩や太ももなど一見無害な場所へのタッチからはじめて、次第にあからさまな場所を触ってきます。「ここまでは大丈夫。じゃあ、もうちょっと進んでみよう」と子どものバウンダリー（境界線）を徐々に侵害していくのです。世界中で報告されている事例を見ると、どこかにグルーミングの教科書があって、それを加害者全員が読んでいるのではないかと思ってしまうほど、手法が似通っています。

「大人と子どもの恋愛」は思い込み

10代の子ども相手には、「恋愛」だと思わせるグルーミングが増えます。思春期になれば子ども自身の恋愛や性への関心が高まりますが、それは大人がつけ込んでいいものでは当然ありません。そもそも個人差が大きいので、恋愛にまったく興味ナシという子どももいます。**そんな子ども相手に、恋愛だと思わせて性行為へと誘導するのは、それ自体がとても暴力的な行為です。**

ここに、「大人と子どもが恋愛してはいけないのか」という疑問が出てきます。

結論からいうと、適切ではないと私は考えます。子どもによっては、身近な大人に憧れや恋愛感情をもつこともあるでしょう。しかし成人でも、年の差がある同士の恋愛において対等な関係を継続するのは、簡単でない場合が多いと思われます。経済力や社会的地位などに差があれば、そこには力関係が生まれます。それを埋めて対等でいようとするには、お互いというより、特に力をもっている側のたゆまぬ努力が必要です。心身が未熟で、経済力もなく、知識や経験がまだ少ない子どもと、大人とが対等な恋愛をすることは、不可能といっていいでしょう。子どもの恋愛感情に乗っかって、その心身を搾取するというのは、大人のすることではありません。

子どもも「自分は彼と恋愛している」と思い込んでいる場合があります。15歳の中学生だったときに教師から性暴力を受けた体験を発信しつづける石田郁子《いくこ》さんは、教師から「好きだ」と言われ、性関係に持ち込まれました。それまでに交際経験のなかった石田さんは、「これは交際だから、性的なことをするものだ」と思い込まされていたそうです。被害は彼女が大学2年生になるまでつづき、37歳ではじめて「あれは性暴力だった」と気づきました。子どもが被害認識をもてないことはLESSON 1で解説しましたが、恋愛で被害をコーティングされているケースは、特有のむずかしさが生じることもあります。

フランス人女性のヴァネッサ・スプリンゴラが、48歳だった2020年に自叙伝『同意』（中央公論新社）を出版しました。この本を原作とする同名の映画が、2024年に日本でも公開されています。14歳の少女が49歳の男と交際。男は有名な作家で、映画や芝居などに少女を連れていきます。少女にとってそれは気分のいい出来事であり、性的関係を結んだのも、大人の女性として扱ってもらえたからだと感じています。けれど、大人になってから当時をふり返ったとき、男が少女であった自分の未熟さにつけ込み、性的搾取していただけなのだと気づきます。しかも、男は少女との〝交際〟を作品にし、高い評価を得ていたことが後にわかります。彼女が本作を著《あらわ》したのは、男を告発するためでもあったのです。

小児性被害に特有の現象のひとつに、**加害者自身も恋愛だと思い込み、グルーミングをしている自覚がないまま、マインドコントロールをしているケースが少なくないことが挙げられます。**子どもに性加害をし、逮捕された加害者が「交際していた」「本気で好きだった」と供述している、という報道がたびたびあります。なかには、逮捕されたことで「自分たちは周りの大人に引き裂かれた」と怒る加害者もいて、その思い込みがとても強固であることがわかります。

カナダのケベック州警察と、学術研究者の共同研究プロジェクト「PRESEL」の一環として、児童ポルノの使用と、児童誘拐犯罪で有罪判決を受けた男性137人の事件ファイルとを分析した研究があります。それによって、小児性加害者は「子どもはパートナー」と思っていることがわかりました。[*21] 子どもと親密な関係を築ける、そして人生のパートナーになりえるという認識を、彼らがもっているということです。

おぞましいと思われる人が多いでしょう。けれど、小児性暴力の加害者が必ずしも「加害してやろう」「酷い目に遭わせてやろう」と思っているわけでないことは覚えておくべきだと思います。そうではなく、「かわいい」「好きだ」「恋人になりたい」と好意を前面に出して近づいてくるため、子どもも警戒しにくいところがあるのです。

子どもが加害者をかばうことも

子どもの側からグルーミングを防ぐのはむずかしいです。好意を示しながら近づいてくれれば、子どもは相手に応えたいと思うものです。自分を守る、教え導く、あるいは評価する立場にある相手なら、なおさらです。子どもにとって、愛されることは生存、あるいは居場所の確保を左右するものだからです。

ジャニー喜多川による性加害事件においても、グルーミングは使われていたと私は考えます。「性的接触は気に入られているからだし、受け入れれば芸能界でのチャンスにつながる」と子どもが思ったのだとしても、それは加害者の術中《じゅっちゅう》に陥ったのであって、主体的な選択とはいえません。相手が自分に向けて示しているのは愛情や特別視だと思っていたのに、性的行為はとてもおそろしく、そして苦痛を伴う――。こうして子どもの心は引き裂かれてしまいます。心身に傷を受けていながら、「自分が受け入れたのだ」と思い込み、子どもはそれを被害だと思えない。結果、被害が長期に及ぶのは、なんとも残酷な話です。

グルーミングのおそろしいところは、被害を被害と思えないため、発覚したと

きに子どもが加害者をかばうことです。加害者のことを「悪く言わないで！」と本気で言う子どもや、「加害者に迷惑がかかるから」と口をつぐむ子どももいます。それは、まだグルーミングのなかにいるということです。かつてジャニーズ事務所に所属し、被害を実名で告発した元タレントからも、ジャニー喜多川について「今でも変わらずずっと尊敬しています」という発言があり[*22]、その根深さを思い知らされました。

２０２３年、刑法のなかでも性犯罪についての規定が改正されたことは、これまでにもたびたび触れてきましたが、「面会要求罪」が新設されたことは大いに注目されました。これは、16歳未満の人に対して以下のことをすると、処罰の対象になるというものです。

1　わいせつの目的で、威迫、偽計、利益供与等の不当な手段を用いて、面会を要求する行為
2　1の結果、わいせつの目的で、面会する行為
3　性交等をする姿態、性的な部位を露出した姿態などを撮ってその写真や

動画を送るよう要求する行為

面会要求とは、実質的にグルーミングを指すものと思って間違いありません。実際の性犯罪に至らなくても、**子どもに対して力を示すことで脅したり**（**威迫**）、**甘い言葉などでだましたり**（**偽計**）、**優遇やモノで釣ったり**（**利益供与**）**して、会うことを求めるのは許されない、まして実際に会うのは許されない**ということです。写真・動画を送るよう要求するのも同様です。

なぜ、これが処罰対象になるのか。法務省のホームページでは、「16歳未満の人は、性的行為に関する自由な意思決定の前提となる能力に欠けるため、性犯罪の被害に遭う危険性が高いといえます」と説明されています。心身が発達段階にあり、大人と比べると性的行為やその結果起きうることについての知識も十分ではない子どもたちが、同意や不同意を自分で決めることはできない、という意味です。大人と子どものあいだにある圧倒的な知識量の差や力関係を考慮しての条文なのだとわかります。これによって子どもを守りやすくなるので、評価できる改正だと私は思います。

LESSON 4

デジタル性暴力って何？
子どものスマホは危険？

脅して写真・動画を送らせる

性犯罪に関する刑法は、歩みは速くありませんが、着実に変わりつつあります。2023年に刑法が改正され、性交同意年齢――性交、つまりセックスすることについて同意する能力があるだろうとみなされる年齢が、16歳に引き上げられました。これにより、16歳未満の子どもに性交やわいせつな行為をすると、ほぼ自動的に「不同意性交等罪」や「不同意わいせつ罪」として処罰されることになりました。それ以前は、13歳未満でした。諸外国と比べてもあまりにも低すぎたので、改正は必然でした。

一方、デジタル性暴力に関しては、法整備がまだまだ不十分です。私がこれを特に気にしているのは、子どものすぐ近くにある性暴力だからです。デジタル機器の発達やネットを介したコミュニケーションの拡大は目覚ましいスピードで進んでいます。法律は、それにまったく追いついていません。完全に追いつくのは無理でも、時代の変化に合わせた細やかな対応が必要でしょう。

ここからデジタル性暴力の話をしますが、その内容はおおよそ次のように分けられます。

- オンライン性的勧誘
- グルーミング
- 画像ベースの性的加害
- 児童性的虐待の映像・マンガ作成
- セクストーション

セクストーションとは、sex＋extortion（脅迫）の造語です。ＳＮＳやネット上のやり取りを介して得た相手の性的な写真・動画をネタに、「もっと過激なものを送らなければ画像を拡散する」「◯◯しないと学校に画像をばらまく」などと脅すことです。金銭を要求されることもあります。交際していた相手から復讐《ふくしゅう》目的で画像をばらまかれる「リベンジポルノ」も、この一形態です。

現代の子どもたちは、物心ついたときからデジタル機器とともに生きています。それゆえに、デジタル性暴力もとても身近です。子どもにとって最初の性被害は、盗撮であるといわれます。その写真・動画は、加害者の指先ひとつでネット上に拡散できます。

通信機能がついたゲーム機器も例外ではありません。私の身近にも、ダンスゲームが大好きな小学4年生の女の子が、ゲームを通じてオンラインで友だちができ、頻繁にメッセージをやり取りしているというので、親が本人と一緒に確認したところ、相手は中年男性だとわかった……という事例がありました。

スマホやタブレット、パソコンなどは、現代の子どもにとって生活だけでなく学習においても必要です。SNSでの発信や交流も、大人が思う以上に子どもたちの人間関係において大きなウェイトを占めています。**子どもがその気になれば、親が知らない人と知り合うのは、なんらむずかしいことではないのです。**この状態は、子どもに性的関心をもつ人間にとって、たいへん好都合です。子どもの世界が広がり、多くの人と交流するのは基本的には歓迎すべきことです。デジタル機器の利用やネットの使用を全面禁止にすればいい話ではないことも、多くの親御さんは承知しているでしょう。

7人に1人が被害に遭っている

デジタル性暴力の発生数は近年、右肩上がりだといわれますが、実態はどうでしょうか。まず世界の傾向ですが、デジタル性被害は過去30年間にわたって継続的に増加しており、コロナ禍で急増したという報告があります[*1]。

また、オンラインで大規模調査を行い、2022年に結果を学術誌で発表した、アメリカの統計があります。18歳から28歳までの成人2639人を対象に、子ども時代（18歳未満）をふり返って、オンラインを利用した性被害を経験したかどうかを調査したものです。調査対象の性別は女性49・8%、男性48・5%、そのほか1・8%でした。被害の内容とその割合は、以下のとおりでした（複数回答あり）[*2]。

・オンラインの小児性被害　15・6%

・画像関連の性被害　11％
・自作した児童性的画像　11％
・セクストーション　3・5％
・グルーミング　5・4％
・リベンジポルノ　3・1％
・オンライン商業的性的搾取　1・7％

総合すると、**7人に1人が子ども時代にデジタル性暴力を、そして9人に1人が画像に関する性被害を受けていました。これは学校の1クラス（35人の場合）に被害経験のある生徒が4〜5人いる**という計算になるので、「少ない」と見ることはできないと思います。被害に遭った時期で最も多かったのは13〜17歳。中学生や高校生にあたる年齢です。

加害者の側に着目した調査でも、子どものデジタル性被害は「よくある」とわかります。男子大学生の79％が少なくとも1回は盗撮行為をしたことがあり、盗撮罪で有罪判決を受けた成人17人のうち3人が、特に子どもを狙っていたと報告しています[*3]。

「7人に1人の子どもがデジタル性被害の経験あり」と紹介したアメリカの統計では、加害者がどのように子どもにアプローチするのかまではわかりませんが、世界では画期的な〝実験〟が行われています。

まず、チェコで行われた実験を紹介しましょう。巨大な撮影スタジオに3つの子ども部屋をつくり、それぞれに〝12歳の少女〟を10日間、常駐させました。実際には、幼く見える18歳以上の女性俳優たちが少女を演じています。各部屋にはパソコンが1台ずつあり、彼女らがSNSで「友だち募集」と投稿したところ、2458名の男性からのコンタクトがあった——。そんな一部始終を追ったドキュメンタリー映画『SNS—少女たちの10日間—』が2020年に製作され、翌年に日本でも公開されました。

女性俳優たちは、すべての男性とコンタクトを取りました。すると、**大多数の男性は彼女たちが12歳だと確認したうえで、カメラの前で性的なやり取りを要求したり、自身の性器の写真を送りつけたりした**のです。言葉巧みなグルーミングや卑劣な脅しを用いて、実際に会うことを求めてくる男性もいました。スタジオでは、精神科医、性科学者といわれるセクシュアリティの専門家、弁護士、警備員などが女性俳優をバックアップし、ケアしました。それでも彼女たちは、男性たちから一方的かつ容赦のない性的な関心と言葉を浴びせられ、見たくもない画像を見せられたのですから、過酷な体験をしたに違いありません。

また、イスラエルとアメリカの大学でも、チャットルームをとおして子どもと接触しようとする大人の動向を調査した研究があります。研究チームは、〝13歳の少女〟という設定で会話に自動返信するシステムを作成し、アプローチしてきた18歳以上の成人と会話をさせました。会話は合計953件が記録されましたが、そのほとんどがウェブカメラに誘導する内容だったといいます。大人たちの要求は露骨で、「報酬をあげる」と言ってカメラの前で性的行動をするよう子どもに持ちかけたりする行動が見られたといいます。[*4]

いずれの実験でも、大人たちが群がったのは〝架空の少女〟でしたが、いまこうしているあいだにも世界のいたるところで、現実の子どもが卑猥な言葉や画像を送りつけられ、カメラに誘導され、グルーミングや脅迫を受けながら性的な画像・動画を要求されたりしているのかと思うと、胸が痛みます。

もちろん、男子も例外ではありません。「男子　わいせつ画像」とニュース検索すれば、たくさんの事件がヒットします。写真を送らせるだけでなく、それを脅しのネタに使って呼び出して、性行為を強いる事件も起きています。

スマホを持たせなければ大丈夫？

日本では現状、子どもを含む若年層のデジタル性暴力について総合的な大規模調査は行われていませんが、断片的に発表されているものはあります。

まずは、内閣府男女共同参画局が若年層の性暴力被害について行った調査を紹介します。「なんらかの性暴力被害を受けた」と回答した人を対象に、「最も深刻な／深刻だった性暴力被害」を尋ねたところ、**最多は「言葉による性暴力」で38・8%、次いで「身体接触を伴う性暴力」で28・2%、そして「情報ツールを用いた性暴力」で16・3%でした。**「情報ツールを用いた」とは、デジタル性暴力とほぼ同義とみてよいでしょう。この調査では、被害に遭ったときの年齢までは明らかになっていません（図4－1）。

警察庁による「子供の性被害」（ここでの「子供」は18歳未満）についての統計では、児童ポルノ事犯について詳しく見ることができます。児童ポルノというと、違法なＡＶ（アダルトビデオ）やグラビア雑誌などの商業コンテンツを想像する人が多いかもしれませんが、実際は「児童が自らを撮影した画像に伴う被害」「盗撮」が大部分を占めます。

２０１４年から２０２３年における児童ポルノ事犯は、全体では検挙件数・検挙人員・被害児童数ともに増減をくり返していますが、ここでは特に「被害態様別」を抜き出しました。これを見ると、

図4-1　最も深刻な／深刻だった性暴力被害

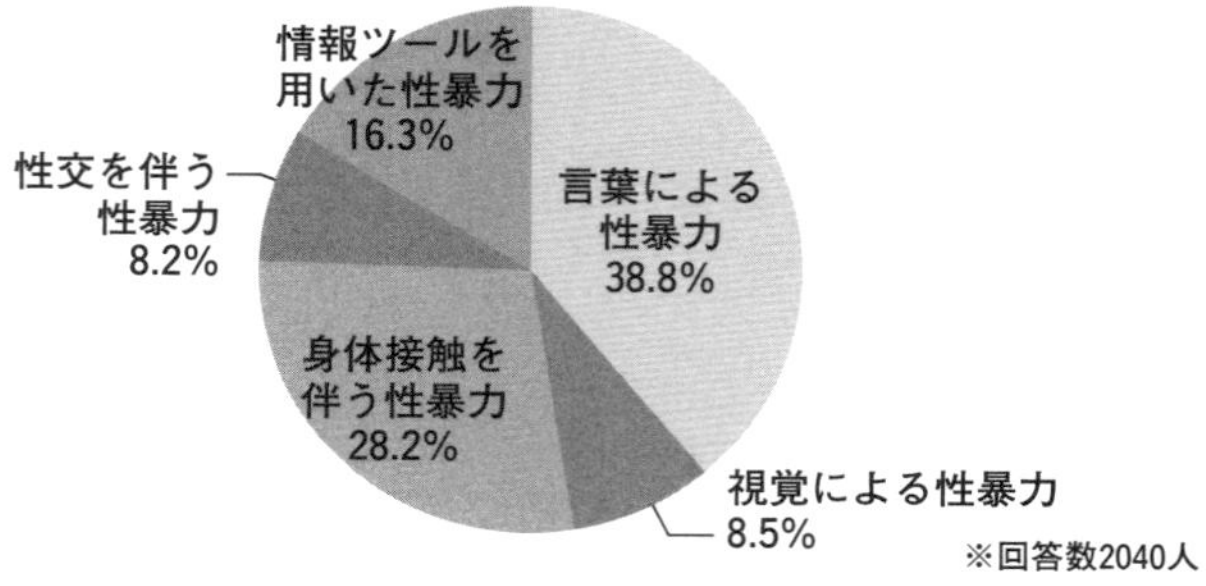

出典：内閣府男女共同参画局「令和３年度 若年層の性暴力被害の実態に関するオンラインアンケート及びヒアリング結果」
https://www.gender.go.jp/policy/no_violence/e-vaw/chousa/pdf/r04_houkoku/01.pdf

図4-2　児童ポルノ事犯の被害態様

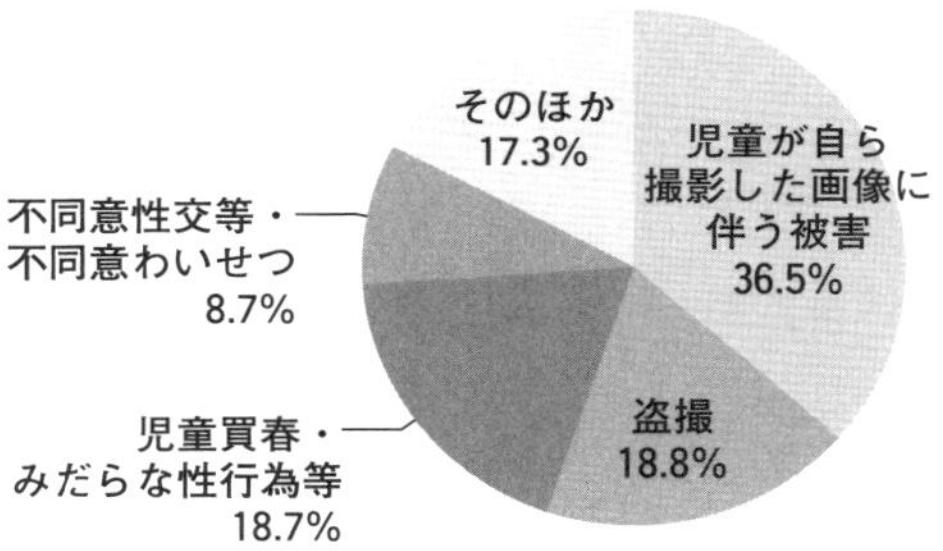

※被害児童の総数1444人

出典：警察庁「統計データ 子供の性被害」
https://www.npa.go.jp/policy_area/no_cp/uploads/R5kodomo.pdf

「児童が自らを撮影した画像に伴う被害」が最多で4割近く、次いで「盗撮」が約2割を占めています（図4－2）。

大事なのは、統計に**「児童が自らを撮影した画像に伴う被害」とは「だまされたり、脅されたりして児童が自分の裸体を撮影させられた上、メール等で送らされる形態の被害をいう」**と記してあることです。子どもがグルーミングされた結果、写真・動画を送るという流れが、しっかりと想定されています。

オンラインの性的虐待コンテンツの入手可能性を最小限に抑えることを目的に設立された非営利団体「インターネットウォッチ財団（IWF）」は、公開レポートや内部チームを通じて子どもの画像・動画を特定する活動をつづけています。同財団が検出した児童の性的画像のほとんどは、子どもたちが寝室で、ひとりで作成したものであると報告しています。[*5]

子どものモバイル端末所有率は年々上がっており、スマホの所有率は小学校高学年で4割を超すともいわれます。[*6] 子どもに持たせるかどうか、迷われている家庭も多いでしょう。学校や塾で必要だったり、親子間で連絡をとるにもスマホは便利だと感じていたり、家庭によって考え方はさまざまだとは思います。子どもの所有率は今後、増えることはあっても減ることはないでしょう。

では、デジタル性被害はスマホやタブレットといった端末が原因なのかというと、それも違います。機器を利用する「加害者」が起こしているのだということを忘れてはなりません。それは、つまり、子どもにデジタル機器を持たせなければ被害に遭わないとはかぎらない、ということです。**デジタル機器を持たせるにしても持たせないにしても、親や保護者はあらかじめ「加害者はそれを利用してどうするか」を考えておいたほうがいいように思います。**ですから私は講演などで、「電子機器を禁じるのではなく、その使い方を学ぶことが大事」とお話ししています。

盗撮が被害者から奪うもの

加害者が大人ではなく、子どものケースもあるというのは、すべての性暴力にいえることですが、デジタル性暴力では特にその傾向が強まります。たとえば盗撮は、子ども同士のあいだで行われることがあります。

2020年にはじまったコロナ禍において、全国でリモート授業などが行われ、教育現場でタブレット端末の需要が一気に高まりました。それ自体は歓迎すべきことですが、2022年には、小学校で男子児童が配布されたタブレットを使って女子児童の着替えを盗撮する事件が起きています。折しも、文部科学省が児童1人につき1端末を配布する構想を進めている最中《さなか》でした。その妨げとなる事案と受け取ったのか、大臣が「情報モラル教育を含め、再発防止に取り組むと報告を受けている。引き続き学校・教育委員会において適切にご対応いただきたい」

とコメントを出しました。[*7]

子どもがやったことであろうと、校内での事件であろうと、盗撮は犯罪です。タブレットを取り上げたり、「いまどきの子どもは」と悲観したりするのは簡単ですが、盗撮は加害行為であり、単に撮った／撮られたの問題ではなく、その被害がどんなものかをしっかり伝えることが、親を含めた大人の責任だと思います。それをしないままでは、きっと今後も同様の事件が起きてしまうでしょう。

盗撮が奪うものとは、自分が暮らす世界への信頼です。盗撮は、本人が気づかないうちに撮影されているケースがほとんどですが、気づかなければそれでいいということにはなりません。知らないうちにバウンダリー（境界線）が侵されているのは、おそろしいことです。**いつ、どこで撮られるかわからないという日常を想像してください。どこにいて何をしていても安心だと思えないでしょう。**

さらに、その画像や動画が自分の知らないところで売買されたり、ネット上で拡散されたりしているかもしれないのです。どこの誰に見られているかわからないという不安は、簡単に拭《ぬぐ》えないものです。その怖さを認識しないまま、子どもが加害者になってしまうこともまた、食い止めなければいけません。

SNSで写真が売買される

加害者は、自撮《じど》り（「自画撮《じがど》り」ともいいます）や盗撮による被害者の画像・動画を手に入れたら、どう使うのか——。入手すること自体が目的という加害者もいますが、″自己使用″すなわちマスターベーションのときに使用する加害者もいます。それ自体、たいへんおぞましいことではありますが、最も懸念されるのはネット上へのアップロードと売買です。

ご存じのとおり、ネット上に一度でも上がったものは、全世界に向けて発信されたに等しく、どれだけの数の人が目にするかわかりません。性被害者自身の申告などによって、いったんはネット上から削除された（残念ながら、手続きは簡単ではありません）画像や動画であっても、その前に個人がダウンロードして保存している可能性は否定できないのです。誰かの手元に残っているのはそれだけで気持ち悪いですが、再びネット上で拡散されることまで考えておく必要があります。

デジタル性暴力の被害者には、「あの人も私の動画を見たかもしれない」とおそろしくなり、外出できなくなって社会生活に支障をきたすケースも少なくないと

いいます。安全と思える場所が、世界のどこにもなくなるのです。
写真・動画をやり取りするアプリは、子どもの写真を遠方に住む祖父母らに送ったり、行事などの参加者同士でその日の写真を共有したりするのに便利で、GoogleやAppleで公式アプリとして掲載されているものもあります。それが、児童ポルノにあたる盗撮、自撮り写真などの売買で使われていると知ったときは、私も言葉を失いました。販売者はアプリに写真・動画をアップロードしてから、SNSなどで購入者を募ります。その際、子どもに性的関心を持つ人たち同士だけで通じる隠語が使われます。
世界的に見ても、子どもの性的な写真は、ダークウェブ、闇サイトと呼ばれるところだけで売買されているわけではありません。Snapchat、Instagram、Facebook、WhatsAppなどのSNSやゲーム・プラットフォームも、その舞台となっています。先述のIWFは2022年、25万以上のウェブページで、子どもの性的な写真を検出したと報告しました。[*8]
売買されているのは、自撮りや盗撮の写真・動画ばかりではありません。子どもの名前や学校、家族などの個人情報も添えられていることがあるため、その子がさらなる被害に遭うことも十分考えられます。おそらく、販売する側も買い求める側も、それがどれほどおそろしいことかわかっていません。加害者らの気軽さと、子どもにかかりうるリスクの差が大きすぎるのです。

そうして販売される写真・動画には、家族が、あるいは保育園・幼稚園や学校が撮影したものが少なくないともいわれています。お子さんの写真をInstagramなどのSNSに載せ、わが子の成長記録としている親御さんもいらっしゃるでしょう。子どもを預かる施設が、SNSやホームページに行事の写真を載せることもあります。これを狙う、ペドフィリアがいるのです。

肌を露出したものは彼らにとって格好のターゲットですが、そうでない場合にも注意が必要です。写真や動画には、個人情報が詰まっています。氏名や学校などの具体的な名前を伏せていたとしても、だいたいの居住地や習いごと、通学路、よく遊ぶ場所までわかってしまう可能性は十分あります。**子どもの安全を脅かす人物らに、こちらからみすみす情報を提供する必要はありません。**

アメリカでは、大手メディア「ウォール・ストリート・ジャーナル」がスタンフォード大学などと共同で行った調査で、Instagramが小児性暴力を助長するという結論を導き出しました。[*9] Instagramでは、その人がフォローしているアカウントの傾向を分析して、「おすすめのユーザー」を提示します。それがペドフィリアのアカウント同士をつなげる働きがあるという指摘です。当然、売買や情報交換などが促進されるでしょうから、悪い影響しか考えられません。Instagramにはそれだけ子どもの写真があふれているということでもあると思います。

昨今、保育園・幼稚園・学校では、以前より対策がとられるようになったと感じます。私の長女が幼稚園児だった10年前は、園も多くの親・保護者も無防備に見えましたが、三女が幼稚園に通うころには社会の警戒度が上がったと感じます。小児科の外来や学校の講演でお母さんたちから耳にする話でも、「SNSやホームページに掲載してもいいですか」と事前に保育園から確認があったり、親・保護者にパスコードをわたし、ホームページにそれを入力しないと写真の閲覧やダウンロードができない仕組みの学校が増えたりしているようです。

子どもの写真・動画や情報は、売る側と買う側ともに加害者です。**子どもに指一本触れないまま、その子の日常を壊し、精神的に追い詰め、将来を歪めてしま**

うかもしれない。そう考えると、デジタル性暴力はレイプやわいせつ行為よりも軽いと矮小化できません。すべてが等しく、小児性暴力です。

加害者が取り締まられるべきなのはあきらかですが、子どもの写真・動画の売買の場を提供しているプラットフォームがこの問題に対処すべきだという指摘もあり、私もまったくそのとおりだと考えます。

２０２２年から翌年にかけて、写真・動画をやり取りする大手アプリのひとつが、日本のGoogleとAppleのアプリのダウンロードサイトから削除され、アプリ自体がサービスを終了しました。これは大きな前進でした。デジタル性加害者が子どもの写真・動画を悪用できる場がなくなったわけですが、イタチごっこになる可能性も否めません。ひとつ潰れても、すぐにまた別のところに、子どもの性的画像・動画が売買される場が生まれるでしょう。

デジタル性暴力は加害者と被害者のあいだに、圧倒的な情報量の差があるのが特徴のひとつです。盗撮では、自分が撮られていることに気づいていないこともあります。自撮り写真・動画を送ってしまった場合も、それがどのように扱われるかを被害者である子どもも、親・保護者もほとんど知りません。そのために加害者がどんな手段を使っているか、どんな隠語を用いてどのくらいの価格で売買されているかなどが、ずっとブラックボックスに入っている状態です。[*10]

アスリート盗撮という難問

増加の一途にあるデジタル性暴力に対して、世界でも対策が進んでいます。ここでは、フランスと韓国の法制度を要約して紹介します。

韓国

本人の同意がない性的画像の撮影と、撮影した性的画像の配信は、いずれも7年以下の懲役、または5000万ウォン（約515万円）以下の罰金が科せられると性犯罪法に規定。また、同法にもとづくデジタル性犯罪で有罪判決を受けた人は、個人情報が公開されることが義務づけられている。

インターネット事業者は、性犯罪法に抵触する撮影物に削除要求があった場合、その情報の削除等の必要な処置を取らなければならない。2020年にネット事業者の責任を強化し、対象となるのは、ウェブハードといわれる、オンライン上のストレージサービス事業者だけでなく、すべてのネット事業者に拡大された。[*11]

フランス

韓国よりも厳罰対象が厳しく、「衣類を身につけているか、トイレ・浴室・更衣室にいるなどして、第三者の視線から隠されている性的部位」を見るために行われる、すべての行為が刑罰の対象。違反者は1年の拘禁刑と1万5000ユーロ（約240万円）の罰金に処される。これが未成年に対して行われる場合には、2年の拘禁刑と3万ユーロ（約480万円）の罰金に処せられる。

また、個人間でやり取りされた言動や、内密にするという前提のうえで生じた言動を、本人の同意なく録音する行為や、私的な写真を撮影し配信する行為は、1年の懲役、または4万5000ユーロ（約730万円）の罰金を科せられる。これにより、リベンジポルノはもちろん、セクストーションにつながる行為も禁じられていることになる。

フランスでリベンジポルノとして罰するには、復讐のような特別な意志があることを必要とはしない。撮影・流布した者が「性的性質を有する撮影物である」と認識していれば、その行為を犯罪として立件できる。[12]

日本では、先にも触れたリベンジポルノ防止法があります。元交際相手や思いを寄せた相手などの性的な写真・動画をネット上で公開する行為を罰する法律で、違反した者は懲役3年、または50万円以下の罰金が科されます。

長らく専門家のあいだから、同意のない撮影行為そのものを処罰する規則の創設が必要だとする声があがっていましたが、2023年、「性的な姿態を撮影する行為等の処罰及び押収物に記録された性的な姿態の影像に係る電磁的記録の消去等に関する法律」が新たに施行されました。いわゆる「撮影罪」です。

それ以前、盗撮は都道府県の迷惑防止条例で取り締まられていました。基準がバラバラなうえに、どこで撮影したのか特定できないものや、ほかの都道府県で撮影されたことがあきらかなものは見逃されていました。それが、撮影罪が新設されたことで、わいせつ画像の撮影行為、盗撮画像の提供・不特定多数の者への送信、そして保管に対して、懲役、または罰金が科されることになりました。盗撮を「迷惑」とみなしていたころと比べると、大きく前進したといえます。

これにより現在では、「人の性的姿態」を「正当な理由」がないまま「ひそか」に撮影した場合、罪に問われる可能性があります。たとえば、**子どもが水着姿でプールで遊んでいる様子を撮るのは、親であれば問題ありませんが、第三者の場合は正当な理由がないかぎり、撮影罪にあたる可能性がある**ということです。そして、そのような撮影行為によって撮影された画像・動画を、他人に提供したりネット上にアップロードしたりする目的で保管していた場合、「保管罪」で罰せられ、2年以下の懲役、または200万円以下の罰金が科されます。

ただ、「性的姿態」が何を指すのかという大きな問題も残っています。一例を挙げると、アスリート盗撮があります。競技が行われている場に入り込み、そこにいるアスリートばかりを狙って盗撮する者がいるのです。肌の露出が多いスポーツもありますが、基本的にユニフォーム姿自体は「性的姿態」にはあたらないとされます。そのため、盗撮されたユニフォーム姿の画像をトリミングし、股間や臀部、胸部あたりを強調したうえで、ネット上にアップしたり売買したりするだけでは、撮影罪に問われない可能性があります。

盗撮されるアスリートには、10代の子どもも含まれます。子ども自身が試合後、SNSなどで自分の名前を検索したら、そうした画像が見つかり、傷つくと同時に「また狙われるのではないか」と競技に集中できなくなった……という報告もあります。数年前まで、こうした被害があることは知られていませんでした。いまは撮影が許可制になっていたり、禁止されていたりする競技も増えているようですが、それでも盗撮の可能性はあります。本人の許可なく撮影され、保管され、意図的にトリミングされ、ときに売買されることが、何の罪にも問われないままでいいのか——。この問題は、依然として手つかずのままになっています。[*13]

LESSON 5

子どもが性被害に遭ったら大人はどうすればいい？

あくまで子どもの主体性を尊重

子どもの性暴力について考えるとき、私はいつも「大人として何ができるだろう」からはじめます——子を育てる親として、子どもの命を預かる小児科医として、そして社会と人の健康との関係を考える公衆衛生学の専門家として、「子どもとは、とても未熟な存在だ」と知っているからです。中学生くらいになれば身体の大きさは成人と変わらず、大人びて見える子もいますが、身体も脳も発達段階にあり、人生の経験もまだ少なく、社会的に脆弱な存在でもあります。そんな子どもたちを見ていると、彼らが安全に、安心して成長できる社会をつくるのが大人の役割であると強く思うからです。

同時に肝に銘じるのが、「**主体はあくまで子どもにある**」ということです。子どもがどうありたいか、どうしたいか、どうしてほしいかを決めるのは、大人ではなく、一人ひとりの子どもであるべきです。**子どもを社会の一員として尊重し、置いてけぼりにしない。大人はそれを踏まえたうえで、手助けをする存在です。**

アメリカの小児医療では、治療を受ける主体である子どもに確認しないまま治療を進めることはありません。医師、関連する医療者、そして患者とで治療の方針を話し合い、決める〝カンファレンス〟では、患者である子どもは、親・保護者と一緒に医師の説明を聞き、治療方針を自分で決定します。医師は子どもがわかる言葉で説明し、子どもが「その治療はしたくない」と言えば、リスクと期待できる効果の両方を考えたうえで、別の治療を検討・提案することもあります。子どもがまだ理解・判断できないうちは、子どもを同席させて親・保護者に説明します。何もわからないからといって、子どもはいなくていいとはなりません。親・保護者はおそらく誰よりも子どもを心配し、その回復を願う存在ですが、治療を受けるのは彼らでなく、子ども自身です。

これを「family centered care」といいます。つまり、家族を中心において治療を進めていくことで、アメリカのみならず世界のトレンドになっています。日本では家族への説明すら十分でないことがあるので、いち早く変えていかなければならないと、現場の医師として強く感じます。

小児性暴力も、例外ではありません。**被害に遭うのも回復するのも、子どもです。**大人が被害を防ごうとするときも、回復を手助けするときも、子どもそっちのけで、子どもが望まない形で進めるのではなく、あくまで子どもの主体性を尊重する――これはすべて、「子どもの人権」に根ざした考え方です。

「子どもの権利条約」のホームページには、子ども（ここでは18歳未満）用にわかりやすく書かれたページもあるので、一度お子さんと一緒にアクセスしてみるといいでしょう。そこでは子どもの権利について、「世界中のすべての子どもたちが、幸せに健やかに育つためにもっている権利」と説明されています。日本は1994年、この条約に批准しました。[*1]

チャイルドアドボカシー（child advocacy）――この言葉と出合ったとき、私は「コレだ！」と思いました。アドボカシーは複合的な意味があって日本語にするのがむずかしい言葉ですが、ここでは「権利擁護」として話を進めます。

子どもの権利を擁護すること――。子どもには大人と同様に、さまざまな権利があります。それは、この社会で生きることになった瞬間に、すべての子どもに等しく付与されるものです。けれど、その権利を行使したいとき、あるいは奪われそうになったとき、子どもは声をあげることができません。日本では学校教育のなかで権利について詳しく習う機会が乏しいので、そもそも自分には権利があるという認識が育ちにくいものです。それも、子どもみずからが声をあげにくい原因のひとつです。そこで**大人が子どもの代弁者となり、その権利を擁護するのが、チャイルドアドボカシーです。**

子どもの人権を守るということ

小児科医は、もともと「子どもの代弁者」といわれます。症状だけでなく、その子が生まれるまでの環境や経緯を見ながら、健康に生きるという、子どもにとって最も根源的な権利を守るために動きます。しかし日本で小児医療の現場にいると、子どもの人権が守られていないと感じることはよくあります。

米国日本小児科医学会（ＡＡＰ：American Academy of Pediatrics）では、医師らにアド

ボカシー活動を呼びかけており、小児科医になるための研修で、チャイルドアドボカシー活動の実践が義務づけられてもいます。裁判所の見学や、児相、または小児性暴力の被害者をケア・支援するワンストップセンター（詳しくは後述しますが、アメリカではCACといいます）に1カ月勤務するなど、子どもの人権について知る時間がカリキュラムに組み込まれているのです。また、州の児童保健の歴史、現行法、それから児童保健政策の現在の課題、児童保健政策に関する州議会の現在の見解、ギャップ、機会などについて議論する時間もあります。

AAPから小児科医に、アドボカシースキルを養うためのリソースと機会が提供されている点もすばらしいと思います。たとえば、アドボカシーの基礎と立法プロセスに関する教育資料、政策立案者とのコミュニケーションに関するガイダンス、疾病の発生とワクチンの有害事象に関する報告要件に関する情報、人口の健康ニーズを特定するための公衆衛生データへのアクセス、などです。[*2]

すべて、子どもを医療的に診るだけではなく、「社会的にも診る」「そのうえで権利を擁護する」という考えを、小児医療の現場にしっかりいきわたらせるためだと思われます。

「子どもの権利と小児性暴力の話は、どう関係しているのだろう？」と思いながら、ここまで読まれた方も多いでしょう。小児性暴力が、子どもの幸せで健やかな成長を妨げることは説明するまでもありません。そして、「性暴力とは人権侵害である」というのは現在、世界的にスタンダードな考えです。**「性暴力から子どもを守りたい」とはつまり、「子どもの人権を守りたい」と同じ意味なのです。**

ケア・支援を受けるための施設

小児性暴力が起きると、子どもは何度も権利を侵害されます。第一に、被害そのものが人権を踏みにじられる行為です。そして、警察に被害届を出してからの捜査や事情聴取といった一連の流れのなかで、権利が侵害されることもあります。適切なケア・支援につながられないのなら、それ自体が権利を侵されていることになります。こうして何重にも傷つけられる子どもの権利について、大人が擁護していく必要があります。

それもあって、**アメリカでは小児性暴力のケア・支援のための施設を「チャイ**

ルドアドボカシーセンター（CAC：Children's Advocacy Center）」といいます。いわゆるワンストップセンターですが、子どもに特化しているのがこのCACです。

ワンストップセンターとは、性暴力被害者が各種ケア・支援を受けるための総合窓口となる施設の総称です。病院での検査や緊急避妊ピルの処方、警察への通報や被害届の提出、弁護士などへの法律相談、カウンセリングの申し込み、児相への通知……別々にアクセスするのには労力も時間もかかります。しかも、被害に遭ったあとです。混乱しているなかで、諸々の手続きをこなすのは、被害者にとって大きな負担となります。ワンストップセンターが担うケア・支援の範囲や手続き方法などは各国ごとに違いますが、一カ所にアクセスすれば、そこから各機関につなげてくれるという役割は、一致していると思います。

日本のワンストップセンターでは、成人の被害者も子どもの被害者も受け付けています。センターにいる支援者や相談者が必要な機関につないでくれたり、その機関まで同行してくれたりといった支援が受けられます。

紹介された病院では、本人の承諾のもと「レイプキット」を使っての証拠採取を行います。レイプキットとは、体内や身体、衣服に残っているかもしれない、加害者のDNAや体毛を採取するための道具がひとまとめになったものです。レイプドラッグが使われていないかの検査も行われています。日本では救急外来に常備してあることが多いです。そのため、被害に遭ったなら、つらいとは思いますがシャワーなどは浴びず、そのとき身につけていた衣服や下着を持参して、ワンストップセンターを訪れるよう呼びかけられています。こうした検査もすべて、被害当事者の同意を確認しながら行われます。その人の同意がないまま身体に触れることはありません。

ショックと不安が大きく、心細い状態の被害者にとって、ワンストップセンターは頼りになる存在でしょう。**性暴力はとても過酷な経験ですが、被害後に迅速で適切なケア・支援を受けることで、その経験がより深刻なものにならなくて済む可能性があります。トラウマを最小限にすることが、同施設の使命です。**

アメリカのCACに話を戻しましょう。子どもには子どもの、ケアと支援が必要です。それがどういったものかはこの後でお話ししますが、ケアや支援を提供する側には子どもの成長・発達と性被害、両方についての専門的知識をもち、実践のための訓練を受けた人員が求められます。

ＣＡＣはその名のとおり、子どもの性被害に特化した機関で、全米で１０００カ所以上が運営されています。国土が広いし、妥当な数だと思うでしょうか。実は、日本にもＣＡＣがあるにはあるのです。では、その数はいくつか——答えは「２カ所」です。神奈川県の「ＮＰＯ法人 子ども支援センター つなっぐ」と「子どもの権利擁護センター（ＣＡＣ）かながわ」のみです。

なぜ、アメリカとこんなに差があるのでしょう。米統計局の推計によると、アメリカ合衆国の人口は２０２４年６月時点で約３億３６５０万人。対して日本の人口は、総務省統計局によれば２０２４年７月の概算値で１億２３９６万人。人口比からくる差でないことはわかります。

理由は、アメリカでは「推定有病率」にもとづいて制度設計されているからです。子どもの性被害の疫学調査は困難だと前述しましたが、それでもさまざまな手法を用いることで、「性被害を受けて、トラウマを抱えたりＰＴＳＤの症状が出ていたりする子どもは、このくらいいるだろう」と人数を推定することはできます。そうして導き出された被害者の数に見合うだけのＣＡＣを設置したところ、１０００カ所超という数になったのです。だから、日本でも、小児性暴力についての大規模調査、それにもとづく分析が必要だと強く感じます。**小児性暴力の被害者が「いない」「めずらしい」ことにされていると、ケア・支援も必要ないと考えられ、いつまでもそのための制度が整いません。**

ワンストップセンターが足りない

アメリカでは、CACの効果も研究されています。性加害者の訴追率（被疑者が起訴された割合）や、被害を受けた子の保護者らがCACの対応にどれだけ満足しているかを検証したものです。それによると、CACにアクセスしたことで訴追率、保護者の満足度ともにプラスの効果が出ている可能性が指摘されました。一方で、CACの有効性に関する証拠はかぎられており、研究によって結果がまちまちであることもわかっています。[*3] 現時点では、プラスの効果が期待できるものの、確立した効果はさらなる研究が必要、ということになります。

くり返しになりますが、日本では通常、子どもが性被害に遭った場合、成人と同じワンストップセンターを利用することになります。どこにアクセスしていいかわからないときは、全国共通の「＃８８９１」に電話すると最寄りのセンターにつながります。もちろん、子どものケア・支援にも尽力してくれるはずです。しかし、子どもの成長・発達段階を踏まえた声のかけ方、身体への触れ方といったアプローチをすべてのセンターに期待するのは、とてもむずかしいのが現状です。子どもの性被害を専門にしている法律家から、「性被害を受けた子どもの支援は、成人の支援と比べて約5倍の時間と労力がかかる」という話も出ています。
また、小児性被害の場合は、加害者が親やきょうだいなどの身内に多いこと、18歳になった途端に児相などとの連携が取りにくくなることといった、特別に配慮すべきポイントが多数あります。

現在、内閣府男女共同参画局ホームページの「性犯罪・性暴力被害者のためのワンストップ支援センター」に掲載されているワンストップセンターは、全国で56カ所。１カ所しかない都道府県がほとんどで、24時間３６５日対応ではないセンターも多いです。緊急避妊薬は妊娠が心配される性交から72時間以内の服用、それも早ければ早いほど効果を期待できます。「明日の朝でいい」とはなりません。また、被害直後ではなく、しばらく経ってから「相談しよう」と意を決する人もいます。そんなときに受付時間外となれば、せっかくの決心が打ち砕かれることもあるでしょう。

「24時間対応のワンストップセンターを増やすべきだ」という声は以前からあがっています。しかし、予算や人員が足りず十分な活動ができていないところが多いのです。実際、２０２４年現在、日本のワンストップセンターの先駆け的存在で、12年間で３７２２名の性被害者を支援してきた「性暴力救援センター・大阪ＳＡＣＨＩＣＯ《サチコ》」が機能停止……いえ、実質的な崩壊に陥るかもしれないという、衝撃的な状況になっています。拠点としてきた民間病院からの撤退を余儀なくされる可能性があるのです。国や府からの補助金不足、人員不足、そして医療体制維持が限界にあるというのが、その理由です。[*4]

資金不足はＳＡＣＨＩＣＯだけではありません。国から全国のワンストップセンターに財政支援として支給されているはずの交付金が、なんと２０１７年度から予定の額が支払われていなかった、という報道が２０２１年にありました。相談員・支援員には専門性や経験に裏打ちされた対応が求められるにもかかわらず、

3人に1人が無償で働いていることもあきらかになりました。[*5] 日本社会で性暴力被害者ケア・支援は後回しにされ、その現場は持続可能な状況ではないのです。**日本のワンストップセンターにはほかにも、男児・男性被害者に対応できるセンターが少ないなどの課題が多くあります。**アメリカのCACのように子どもの権利擁護を土台にし、小児性暴力に特化したセンターの設置は急務です。

「不起訴」が多い小児性暴力事件

日本でもCACが増え、誰にとっても身近な機関にしていかなければならないと特に感じるのは、「司法面接」について考えるときです。

司法面接とは、性被害や虐待に遭った子どもの、未熟さや脆弱さに配慮しながら行われる聴取のことです。聴取あるいは事情聴取は、取り調べといわれることもありますが、警察官や検察官が、事件の被害者、犯罪を行ったのではないかと疑われている被疑者、そのほか事件について何かしらを知る参考人といわれる人たちに、供述を求めることです。聴取や捜査を経て、検察官が「被疑者に犯罪の疑いがある」と判断した場合には起訴し、裁判が開かれます。日本では「起訴された場合は99・9%が有罪になる」というのは有名な話です。これは裏を返せば、それほど有罪への確信がないと、検察は起訴しないということです。

子どもの性被害は、不起訴に終わることが多いです。なぜかというと、それは**「被害者が子どもだから」**です。

性暴力は、物的な証拠がとても少ない点が起訴への高いハードルとなっています。被害後すぐにワンストップセンターや救急外来にアクセスし、レイプキットを使って採取したものから、加害者の体液やレイプドラッグなどが検出できていれば、それは決定的な証拠になります。加害者が犯行の様子を写真や動画に残している場合も、重要な証拠として扱われます。しかし、大多数の性暴力には物的証拠がありません。被害後に身体を洗えば、加害者の体液も流れます。血中や毛髪に残っていたレイプドラッグも、時間が経てば体外に排出されます。早いものでは数時間で検出されなくなります。[*6]

証拠不十分では、検察は起訴できません。前述のとおり、有罪がほぼ確定している事件以外は不起訴にします。**性犯罪の多くはここまで取り上げた事例のように、実質的な「密室」で行われます。ほとんどの場合、目撃者もいないため、状況証拠や証言のみを頼りに立証していかなければならないのです。**

子どもが被害に遭い、加害者を罪に問おうとしたとき、最大の難関となるのが、この証言です。子どもが性被害を受けると、児相、警察、医療、検察、弁護士などからさまざまな質問をされます。ここで何が問題かというと、いま挙げた各分野の大人たちが、被害を受けた子どもに別々にアプローチする点です。子どもは被害のトラウマに苛まれながら、知らない場所、安心できない空間で、初対面の大人に囲まれて、被害について何度も話さなければならない。これ自体がトラウマ体験となりえます。子どもが平気でいられるわけがないです。

被害の日時や場所、状況など、聴取によって引き出された内容が具体的であればあるほど、検察は証言に信ぴょう性があると判断します。しかし、成長や発達の段階によっては、子どもがそんな証言をするのは困難です。「週に2回か3回か……5回あった」「なんか暗いところだった」という証言は、具体性に欠けるとみなされます。**特に家庭内の性的虐待は、日常的に行われるのが特徴です。**一回一回の被害について「いつ、どこで、どんなふうに」されたかを話すのは、実質不可能でしょう。被害に遭うたびに解離が起き、記憶が飛んでしまうケースはめずらしくないため、証言はますますあいまいになります。

子どもの証言がブレる理由

被害の詳細を語るのは誰にとってもつらい体験で、それ自体が大きな負担となるものです。小児性暴力について刑事裁判所で証言することで生じる影響を、218人の児童を対象に調査した結果、しばしば大きな精神的苦痛を経験することがわかりました。[*7] 幼少期に法廷で証言するケース、なかでも特に重度の虐待を伴うケースでは、その後の人生で精神衛生上の結果が悪くなることが予測されます。証言を待つあいだや証言中に子どもたちが示した感情的な反応は、接する大人たちがいかに子どもの精神状態や法制度に理解があるかによって大きく変化するという研究結果もあります。[*8]

被害を受けたことに対し、周囲から心ない言葉を浴びせられることを二次被害といいますが、聴取でこれに近い状況が生じることもあります。そうでなくとも、聴取の最中も、聴取が終わった後も、フラッシュバックがいつ起きるかわからないという、被害者にとってたいへん危険な状態がつづきます。

子どもの場合、その負担が特に大きくなることは想像にかたくないでしょう。通常の犯罪でも、被害者の聴取は何度もくり返されます。子どもであれば、質問のされ方によって出てくる答えが変わることもあります。誘導的な質問をされたら大人の期待に応えようとしますし、圧迫的な質問をされたら本当は違っても怖さのあまり「はい」とうなずくかもしれません。**複数の人が入れ替わり立ち替わりやってきて質問するのも、子どもが混乱し、証言に一貫性がなくなる一因です。**

こうして記憶が上書きされたりねじ曲がったり、あいまいになったりすることを〝記憶の汚染〟といいます。子どもの記憶を汚染させないというのは、面接者が最も注意を払わなければいけないもののひとつです。誤った面接手法は、子どもの記憶をそのまま偽りのものに変えてしまう可能性があります。そうなると、裁判にも影響します。オランダの電話サポートサービス「Safe Home」の専門家158名を対象にした研究では、多くの専門家が記憶の回復と汚染について、誤った認識をもっていることがわかりました。そのため、科学的に裏づけられた面接技術の導入とトレーニングの必要性が強調されています。[*9]

検察は、汚染された記憶などから出てくる一貫性のない証言を、信ぴょう性に欠けるものとみなし、加害者を不起訴処分にすることがあるのです。このような聴取の仕方は、被害者である子どもにとって不利で、加害者にとって有利でしかありません。子どもの性被害に特化した弁護士など、実務者を対象とした実態調査によると、被害者35名のうち半数が、証拠不十分などで加害者が不起訴に終わるという結末に至っています。[*10] これは決して、「本当は、その子は被害を受けていなかった」「加害者は無実である」ということを意味しません。「加害行為を立証できなかった」と「加害行為がなかった」は、必ずしもイコールで結べないのです。それなのに、加害者は刑事裁判にかけられず、逮捕・勾留されていた場合は釈放され、前科がつくこともなく、元の生活に戻る――実際に性暴力があったなら、実に理不尽です。そして、加害者は自由になった身で新たに子どもに手をかける可能性もあるため、このままでいいとは思えません。

また、**起訴率が低ければ、有罪判決を受ける加害者の数も多くはなりません。**

それをもって「子どもに性加害をする人はとても少ない」と受け取られることを、私は危惧します。先ほど解説した、ＣＡＣはさまざまな調査結果から導き出された推定有病率をもとにしているから全米に１０００カ所以上ある、という話を思い出してください。加害者が少ない、被害者も少ないと思われているかぎりは、日本でワンストップセンターはこれ以上数が増えることはないでしょうし、ＣＡＣなどもってのほかだとされてしまいます。

実父の性的虐待に下った驚きの判決

起訴され、裁判が開かれた場合でも、被害者の子どもによる証言の信ぴょう性は問われつづけます。２０１７年、当時12歳の少女が実の父親から挿入を伴う性的虐待を受けたとして、父親が起訴されました。少女が入所していた児相の職員が、本人から被害に遭ったと告白されたことがきっかけでした。２０１９年に静岡地裁で行われた一審で、強制性交罪（当時）と児童売春・児童ポルノ禁止法違反の罪に問われた父親に出た判決は……「無罪」です。

少女は児相の職員に被害を自分の声で開示し、小学5年生の冬ごろから頻繁に性的虐待に遭っていたと具体的に告白しています。だからこそ起訴されたのだと考えられますが、裁判長が語った判決理由は次のとおりでした。

「被害者の証言は信用できない」

「家族がひとりも被害者の声に気づけなかったというのは、あまりにも不自然、不合理」

少女には軽度知的障害があったことから、出廷した彼女の精神科主治医も「彼女は頻度や曜日についてうまく話すのは苦手」と証言しました。少女がどんな思いで自身の父親を性加害者として告発したのか。その信ぴょう性を否定されたとき、どんな気持ちだったのか――。想像するだけで胸が押し潰されそうになります。聴取では証言を信じてもらえたのに、裁判になって梯子《はしご》を外された経験は、新たなトラウマとなってもおかしくありません。

しかし2020年、東京高裁での二審では、父親に懲役7年の判決が言い渡されました。逆転有罪です。裁判長は、**「証言内容は、実際に被害に遭った者でなければ語りえない、高度の具体性、迫真性を備えている」とし、知的障害がある**

ことについても「少なくとも重要な要素で、証言が変遷していると捉えることは不合理だ」と述べたと報道されています。[*11] 子どもの声に真摯に耳を傾けた結果の判決として、高く評価できます。

検察が起訴するかどうか判断するときにも、裁判官が加害者とされる被告人の罪状や量刑を問うときにも、被害を受けた子どもの証言は非常に重要だということがおわかりいただけたでしょうか。証言の解釈次第で加害者が不起訴処分になったり、起訴されても裁判で加害者に無罪判決が出たりすれば、被害から回復しようとする子どもにマイナスの影響を及ぼしかねません。

そもそも子どもの記憶も表現も、とてもデリケートです。誰が、どのように聴取したかによって、内容が大きく変わることさえあります。なぜそうなるのかはこの後お話ししていきますが、**子どもにとって成長・発達に合わせた聴取を受けられないのは権利侵害であるといえます。**日本でも、チャイルドアドボカシーにもとづいた事情聴取の必要性を強く感じます。

答えを誘導しない「司法面接」

では、子どもの話から正確で多くの証言をすくい上げ、起訴につなげるためにはどうすればいいのか――。そのためにアメリカで取り入れられているのが、「司法面接」です。チャイルドアドボカシーの考えにもとづいた、聴取方法です。目的は、子どもに負担をかけないこと、そして回答を誘導したり強要したりせず、できるかぎり少ない回数で聴取を完了させ、記憶の汚染を防ぐことです。

具体的には、まず場所です。小さな子でも緊張しないよう、やさしい色合いにするなど工夫された部屋で、検察ではなく専門スタッフが質問します。専門スタッフというのは、子どもの成長・発達と小児性暴力、両方の専門知識を持ち合わせている人のことです。

聞き取るときは、クローズドクエスチョンの手法は用いません。これは「先生に無理やり身体を触られたの？」のように、回答が「はい」か「いいえ」になる質問の仕方のことです。子どもを誘導しやすく、また「どちらかで答えなければならない」というプレッシャーを子どもに与えるため、回答は事実とは離れたものになっている可能性があります。たとえば、子どもが教師からグルーミングをされ、まだマインドコントロールの影響下にいる場合、先生からの行為は「無理やり」ではなく、自分も同意したものだったと思わされています。そうすると、先の質問に対する子どもの回答は「いいえ」になります。そうした質問がくり返されると、子どもみずから「触られたと思ったけど、もしかすると触られていなかったかも」のように、記憶をねじ曲げていくということも起こりえます。

チャイルドアドボカシーにもとづいた聴取では、オープンクエスチョンで子どもに質問します。「はい」「いいえ」のように答えを限定しない聞き方です。「先生はあなたに、どんなふうに話しかけてきたかな?」「そのとき、あなたはどう思ったの?」など、子どもが自由に言葉を選び、自由に回答できる尋ね方です。

ひとたび犯罪が起きれば、その捜査にはたくさんの関係者が携わることになります。しかし、性被害を受けた混乱のなか、何人もの関係者が次々と現れては、何度も同じことを聞かれるのは、被害者にとって負担以外の何ものでもありません。子どもの場合、質問に答えていくうちに記憶があいまいになり、証言が最初とは違ってくる場合もあります。そうして子どもの証言が「信用できない」と判

図5-1　CACでの司法面接

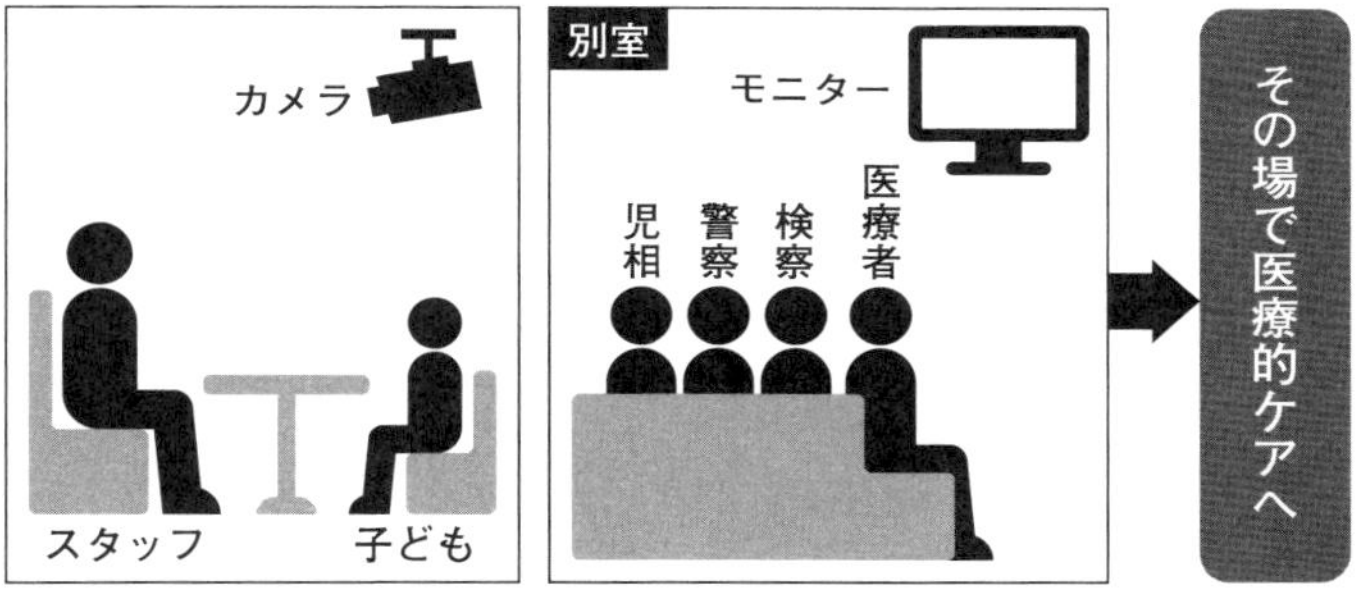

断される事態は、避けるべきです。

司法面接では、専門スタッフが代表して子どもに質問するとき、その様子を動画で撮影します。それを、別室にいる検察や警察、児相をはじめとする関係者、さらには医療者がリアルタイムで視聴します。これにより、子どもへの聴取を一度で終わらせられます。スタッフが子どもに高圧的に接することはありません（図5－1）。

アメリカでは、CACの施設内で児相や警察などの関係者も働いているため、事件発覚から48時間以内に面接できる体制が整っているといいます。この状況下なら、子どもの記憶が極力クリアなうちに聞き取ることができるでしょう。記憶の汚染も最小限にとどめることができます。[*12] 自分のペースと言葉で話すことで、証言の具体性が増す可能性もあり、結果、信ぴょう性のある証言と判断されやすくなります。

子どもに負担をかけない事情聴取へ

日本ではこれまで、子どもへの事情聴取でも、被害を受けて傷ついた子をさらに追い詰めるような質問がまかり通っていたそうです。たとえば、検察がボールペンを加害者の男性器に見立てて、「どこまで咥《くわ》えさせられたのか」「のどの奥に当たったか」などと聞き、返答が具体的でなければ、さらに詳しく話すよう促す……といったように。なんて残酷なのでしょう。

「加害者を起訴するためなら、被害者に負担をかけていい」ということはありません。聴取の名のもとに心ない質問を投げかけられれば、被害者はそのショックで記憶が混乱し、具体的な証言が引っ込む可能性も十分に考えられます。

子どもに負担をかけない。それでいて質問による誘導がなく、記憶の汚染も招かない――。そんな聴取が可能であることを、アメリカのＣＡＣは教えてくれます。この司法面接は、アイスランド、カナダ、オーストラリアといった他国でも導入が進んでいるそうです。

日本では2015年から「協同面接」が取り入れられました。司法面接と似ていますが、医療者の立会いがありません。医療者がいれば、面接後にすぐに「系統的全身診察」を行えます。それは、子どもが安心できる環境で、話を聞きながら全身の診察をすることです。証拠が見つかる可能性もあるため非常に重要なプロセスですが、子どもにとっては負担です。そのため、怖がらせないよう、やさしい言葉をかけ、一つひとつ同意を得ながら診察していくものです。

日本では現状、協同面接の場に医療者がいないため、子どもは後日また別の場所で診察を受けることになります。これでは被害者に時間も労力もかけさせることになります。司法面接として、担当する医療者がモニターをとおして面接に立ち会っていれば、その内容を踏まえた診察もできるのです。そのほうが、誰にとってもメリットがあるのではないでしょうか。

神奈川県の「つなっぐ」は現在、協同面接よりさらに一歩進んで、この司法面接を日本でも普及させるべく奮闘しています。同団体には付添犬《つきそいけん》がいて、面接の前後で子どもとふれあったり、面接に付き添ったりします。**心身の傷つきから司法面接や系統的全身診察を受けるのがむずかしいと思われていた子が、犬にサポートされながらそうした手続きを乗り越えた例もあるといいます。**

私も小児医療の現場で、犬のサポートや付き添いの効果を目の当たりにしてきました。小児がんや慢性疾患で長期入院せざるをえない子どもたちの、心の支えになっているのです。小児性被害の裁判でも、犬を同席させると子どもの被害開示率が上がるというデータもあります。「子どもの心身を守る」と、「できるだけ多くのことを正確に聞き出す」、この両立は可能なのです。

LESSON 6

小児性被害を防ぐには？
日本版DBSって何？

小児性暴力の撲滅に必要なこと

性暴力は根絶されるべきである。この考えに反対の人はいないと思います。しかし同時に、こう考える人も多いでしょう――「本当にそんなことが可能なのだろうか」。本書ではここまで、子どもを性的対象とし、綿密なリサーチとグルーミングなどの巧妙な手段、そしておそるべき粘り強さでもって子どもに接触しようとする小児性加害者たちについて解説してきました。数として決して少なくない加害者からの性暴力を、完全に食い止めるのは不可能にも思えます。

それでも私たち大人は、これを成し遂げなければならないのです。アメリカでは「1 is 2 (too) many」といわれ、直訳すると「1件でも多すぎる」という意味です。性暴力は件数の多寡《たか》に目がいきがちですが、「その1件が、ひとりの子どもの人生を大きく変えてしまう可能性があることを忘れてはいけない」と思わせてくれるフレーズです。小児性暴力は、ゼロにしなければならないのです。

それがいかにむずかしいことかわかってはいますが、私は希望をもっています。

なぜなら、こんな言葉があるからです。

「小児性被害は100％予防可能な社会課題です。ただしそれは、社会全体で対策に取り組めば、の話です」

アメリカのジョンズ・ホプキンス・ムーア大学で小児性被害対策センターの責任者を務める、エリザベス・ルトーノーさんの提言です。[*1] なんとも力強いと思いませんか。私も勇気づけられました。しかも、進むべき方向性をしっかり示してくれています。小児性被害は子ども自身が未然に防げるものではなく、親・保護者や学校、子どもを預かる施設だけでもその予防には限界があります。**「社会全体で対策に取り組むべき課題である」**とは、**小児性暴力の根絶に必要なのは「社会の変化である」という意味だと私は受け取りました。**

これを公衆衛生学の言葉に置き換えると、「ソーシャルキャピタル（社会関係資本）で、小児性暴力を予防する」となります。みなさんはコロナ禍において、感染症を蔓延させないための「マスクを着用できる人は着用する」「ワクチンを接種する」といった、社会をあげての取り組みが功を奏したことはご存じでしょう。小児性暴力も、それと同じだということです。

アメリカのハーバード大学で行われている、日本の家庭内虐待についての研究では、親にソーシャルキャピタル、すなわち「社会的つながり」があるほど、子どもを虐待しない傾向にあると、はっきり結論づけています。性的虐待に特化した調査ではありませんが、LESSON 1で解説したとおり、家庭内では身体的と精神的、精神的と性的とネグレクトといったように、虐待が重複して起きやすいため、それは性的虐待にも当てはまると考えて間違いありません。

南米チリの研究では、信頼できる〝ご近所さん〟がいるなど、近隣ネットワークの構造的な「つながり」をもっていることが、性暴力に対する主な防御要因になるとわかりました。[*2] 一方、日本では、ソーシャルキャピタルが高いと小児性暴力が減るという直接的な研究は、いまのところ見当たりませんが、虐待全般に関しては「減らす」というエビデンスがあります。「〝ご近所さん〟への信頼度が高い」と感じている母親は、「低い」と感じている母親に比べて、乳児を身体的に虐待する可能性が75％も低いことがわかりました。[*3]

親や保護者がなんらかの問題を抱えていて、その影響で虐待が起きているのであれば、その親が誰かとつながり、孤立せず、手を貸してもらったりケアや支援につながったりすることで、子どもの性被害は防げる。仮に被害者が出ても、早期にケアと支援につなげられる。同様に、性加害をする可能性のある人が孤立せず、社会とつながっていることで、小児性暴力は防げる——という推察が成り立ちます。**社会が、その人物に加害をさせなければいいのです。**

そのような視点から日本の現状を見直してみると、加害者が子どもに接触しやすく、犯罪行為を隠蔽しやすく、ゆえに加害行為を継続しやすく、法も制度も彼らにとって厳しくなく、被害に遭った子どものケアが不十分……。ソーシャルキャピタルが著しく欠如しており、ペドフィリアの背中を社会が後押ししているといっても過言ではないと思います。

このままだと日本では、いつまで経っても小児性暴力を防げません。社会ごと変わらなければいけないし、変えるのは大人の責任です。

予防のピラミッドと再犯防止

小児性暴力の予防として、研究や臨床、支援の現場において、３段階のピラミッドのイメージが共有されています（図6－1）。ピラミッドの上から順番に説明していきましょう。

すでに加害をした人に二度とくり返させない――三次予防とはつまり、再犯防止のことです。「それよりも初犯を防ぐのが先決じゃないか」と思われるかもしれません。たしかに、そのとおりです。しかし、LESSON 3で紹介した「１人の性加害者が平均３８０人の被害者を生

図6-1　小児性暴力の予防のピラミッド

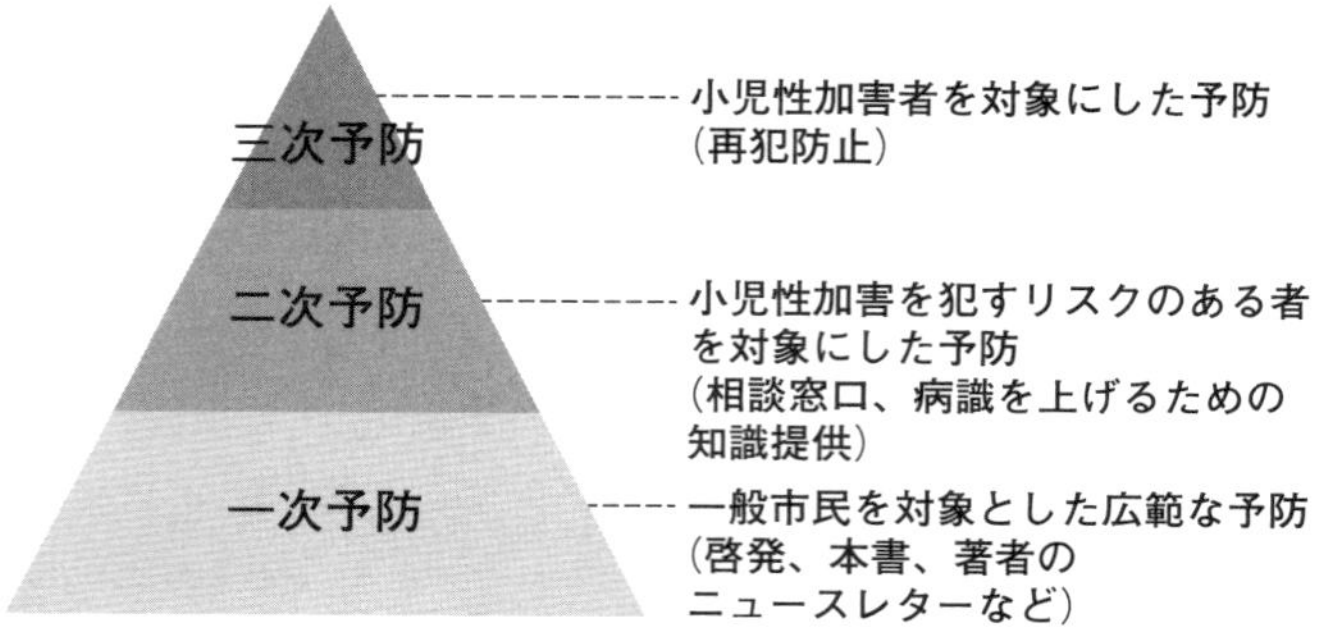

出典：Laws, D. R. Journal of Sexual Aggression 2005;5,30-44.
Wortley, R. et al. Criminal Justice Press 2006.

む」という説を思い返してください。被害者を1人出した時点で加害者を再犯防止につなげることができたら、379人が犠牲にならずに済むかもしれない。と考えると、三次予防は初犯を防ぐのと同じレベルで大事だとおわかりいただけるでしょう。

「性犯罪者の再犯率は高い」というイメージは、一般にも多くの人が共有していると思います。みなさんも、子どもに性加害をして逮捕された犯人が、過去にも子どもへの性犯罪歴があったというニュースを見聞きしたことがあるでしょう。実際、子どもへの性加害はくり返されるものなのでしょうか。世界的な研究で、小児性犯罪の加害者には再犯の危険性がある、というエビデンスが示されています。そこで示されている性犯罪再犯率は、調査と追跡期間に応じて約7〜42％の範囲です。オーストラリアのニューサウスウェールズ州で行われた、男児への性犯罪者1092人を対象とした調査では、7％が10年以内に性犯罪を再発していることが判明しました。[*4] また、かなり古い研究ですが、1958〜1974年に刑務所から釈放された、小児性加害者197人を対象とした調査では、10年から31年という長期の追跡期間中に、42％が性犯罪、または暴力犯罪で再有罪判決を受けたことをあきらかにしています。[*5]

日本での実態を知るためには、出所者の「再入率」を調査したデータが役立ちます。再入とは、刑期を終えて刑事施設を出所したものの、新たな罪を犯して再び刑事施設に入所することです。２０１７〜２０２１年、性犯罪で服役した者のうち、２年以内に再入した者の割合は５・０〜８・２％にとどまっています。[*6]

割合だけで考えると多くないといえるのかもしれませんが、ここでの「性犯罪」は、強制性交等・強姦・強制わいせつ（いずれも同致死傷を含む）であって、痴漢のうち迷惑防止条例違反に相当するものや盗撮など、常習性が高いのに性犯罪として扱われていないものは含まれていないことを考慮する必要があります。

そしてこの調査では、被害者の年齢までは調べていません。そこで少し前の調査になりますが、「平成27年版 犯罪白書」を紹介しましょう。調査対象となった性犯罪より前に〝2回以上〟の性犯罪前科のある者が、同じ性犯罪類型での前科なのか、異なる性犯罪類型での前科なのかを調べた結果もあります。それによると、痴漢は１００％、小児わいせつ型で84・６％が同じ性犯罪類型での前科となり、ほかと比べても特に高い数字をはじき出しました。[*7] **痴漢をする者はほかの性**

犯罪に手を染めることなく、ただ痴漢行為をくり返す。子どもにわいせつ行為で加害する者も、ほぼそれだけをくり返す、ということです。

これは、とてもおそろしい数字ではないでしょうか。痴漢は、通学などで公共交通機関を利用する小中高生にとっても身近な性暴力で、多数の被害者を出しています。気をつけなければいけないのは、少なくともこれは逮捕・起訴され、有罪判決が出て受刑した人たちを対象とした調査だということです。逮捕されたけれども、なんらかの理由で不起訴に終わった加害者が大勢います。そんな彼らが同じ、または別の性加害をしているのか、あるいはしていないのかについては、実態がまったくといっていいほどわかりません。性暴力、なかでも小児性暴力の加害者の再犯率を低く見積もるのではなく、「現実には多いだろう」という前提で三次予防――つまり再犯防止に取り組んでいったほうがよいと私は考えます。

日本でも現在、この三次予防について、いくつかの取り組みが行われています。ひとつは、性犯罪で刑務所に服役中の受刑者を対象に実施されている、「**性犯罪再犯防止指導**」です。法務省による説明をそのまま借りると、「性犯罪につながる自己の問題性を認識させるとともに、再犯に至らないための具体的な対処方法を考えさせたり、習得させたりする」ことが目的だとされています。２０２２年度の受講開始人員は、５５３人でした。[*8]

刑務所にいるうちは、性加害は止まります。当然です、そこに対象となる子どもはいないからです。しかし、刑期を終えて彼らが戻るのは、対象となる子どもがいくらでもいる社会です。小児性暴力事件が起きて報道されるたび、「加害者は一生刑務所から出てくるな」という声があがります。それは、刑罰だけでは再犯を防げないとよくわかる事件が、現実に何度も起きているからです。けれども、**〝一生刑務所〟というのは現実的ではなく、私たちは「彼らも社会で生きる」ことを前提に、三次予防を考えていく必要があります。**

性犯罪再犯防止指導は、認知行動療法にもとづくグループワークを基本としています。２０２２年には指導の内容がブラッシュアップされ、小児性暴力や痴漢などの、常習性のある性加害をしてきた者、特定の問題性を有する者に対する指導内容が追加されたほか、出所後の保護観察における指導も強化されました。このプログラムを受講した者たちは、非受講の者たちと比べて再犯率が10・7ポイント低く、一定の再犯抑止効果が認められるという報告もあります。*9 そのため、今後ますます指導の精度をあげていくことが期待されます。

メーガン法とジェシカ法

世界に目を向けると、やはりこの三次予防は大きな課題だと考えられているようで、各国でさまざまな対策がとられています。

有名なところでは、アメリカのメーガン法とジェシカ法でしょう。メーガン法は1994年にニュージャージー州の州法としてはじまりました。**子どもに対する性犯罪で服役していた者が刑期を終えて出所するときに、その後の住所を登録し、周辺の住民に情報が公開されるというものです。** 1996年からは連邦法としても定められ、全州がこれに則っています。

ジェシカ法とは、12歳未満に対してわいせつ行為をした者を、最低25年から99年の禁固刑に処す、しかも仮釈放なし、というものです。加害者が18歳以上の場合は、出所後も終身保護観察を受けることになっており、**具体的には足首に装着**

されたGPS端末によって監視されます。常に居場所を特定されるのです。2005年にフロリダ州ではじまり、現在は22の州で採用されています。

前者は、当時7歳だったメーガンという名の女の子が、性犯罪前科のある男から性被害を受け、殺害された事件がきっかけで、後者はジェシカという当時9歳の女の子が誘拐され性被害を受け、生き埋めにされた事件がきっかけとなって制定されました。子どもが犠牲になる事件は、その痛ましさから人の心を大きく動かし、社会の意識を変え、法律をつくらせたり改正させたりすることがあります。どちらの法律も、市民の声の高まりによって事件から時を置かずして成立しました。「子どもに性加害をした人間が、どこにいるのかわからない」ことに強い不安、恐怖を感じる人がいかに多いかを示しているといえるでしょう。

私は現在アメリカ在住ですが、本格的に居を移す前に下見を目的に何度か渡米しました。娘たちが通う学校を決めるため見学したところ、学校側から私たち保護者に対して、近隣に住む性犯罪者リストが示され、「よく考えて」といわれました。これはメーガン法にもとづいてのことです。

子をもつ親としては、大きな判断基準となります。一方、日本ではこうしたことが一切知らされない……子どもへの性犯罪の前科がある人物が隣に住んでいても、まったくわからない社会なのだと実感しました。性暴力から子どもを守るには、加害者を子どもに近づけないのがいちばんですが、それには社会の目も必要です。何かおかしいなと思ったら、子どもに声をかける——しかし日本では、その「何かおかしいな」と気づくための情報が十分とはいえません。

前科者のＧＰＳ監視は効果的か

ジェシカ法に関しては、まずその刑期の長さに驚かされます。長ければ長いほどいいとはいえませんが、日本では性犯罪の量刑が軽すぎるという意見には私も賛成です。現在の刑法でも、法定刑の下限が不同意性交等罪で5年、２０１７年の改正前はたったの3年でした。歴史的・文化的背景が異なる他国と法律や刑罰を単純比較することはできないものの、ジェシカ法との差はあまりにも大きいと誰もが思うでしょう。加害者となる可能性がある者に「そんなに長く刑務所に入っていたくない」と思わせることで、加害行動への抑止力となる効果も期待できます。そうでなくとも25年という数字には、子どもへの性加害が「長年の懲役に相当する重犯罪である」という意味合いが感じられます。

また、ジェシカ法が、被害者が子どもである場合、刑罰を特別に重くしている点にも注目したいと思います。フランスでも、「被害者が15歳未満の未成年の場合」は加重事由――それ以上の年齢の相手への犯行と比べ、罰を重くする理由となります。こうした法律には、そもそも国が子どもをどのような存在として扱っているかもあらわれていると思います。「未熟で脆弱な子どもを法で守る」という強いメッセージを感じるのは私だけではないでしょう。

ただ、「日本も他国に合わせて厳罰化すればいい」というのも結論を急ぎすぎだと思います。厳罰化だけでは三次予防になりません。**刑務所から出た後に再犯防止のためのプログラムで治療教育を受けられるような制度があれば、刑期をむやみに長くする必要はないという考えもあります。**実際、アメリカでは厳罰化しても性犯罪の発生件数が減っていないとの報告もあり、それだけが唯一で絶対の道ではないのだとわかります。

性犯罪の前科がある人がGPSを装着する法律は韓国にもあり、足輪として身につけることになっています。2023年に発表された韓国刑事政策研究院の調査結果によると、一定の効果がもたらされているようです。その前年2月に、電子足輪を装着した410人を対象に、装着後の行動パターンの変化についてアンケートしたところ、回答者の90%が、「居場所を常に把握されていて、事を起こせばすぐに発覚する」と意識していることがわかりました。**導入から8年目の時点で、電子足輪付着制度が再犯率を下げることに大きな効果を発揮していると考えられていたようです。**[*10]

一方、米国のメーガン法はどうでしょうか。制定から10年後にあたる2007年に実証研究が報告されています。10州での強姦件数を使用して、メーガン法施行による影響を分析したものです。その結果、強姦件数が大幅に減少したのは3州だけでした。強姦件数が増加する傾向が見られた州も3つありました。[*11]

これとは別に、ニューヨーク州を対象に、時系列分析を用いた実証研究もあります。ここでは、メーガン法制定前後における性犯罪逮捕率の違いが調査されました。その結果、性犯罪者の再逮捕率は減少しておらず、抑止には効果がないことが示されました。[*12]

メーガン法による住所公開は、過激な事件も引き起こしています。2006年、メイン州で20歳の男が性犯罪者登録名簿を用いて、34名の登録者を順番に殺害しようと計画し、実際に2名の命を奪って逮捕されました。[*13] 翌2007年にはテネシー州で、児童ポルノ所持で逮捕された男性の自宅が、その隣人2名によって放火されました。事件は、男性の妻が死亡するという痛ましい結末を迎えています。[*14]さらに2015年、ミシガン州で登録済みの26歳の元性犯罪者が、10代の若者グループに〝斬首〟され、遺体が焼かれる事件が起きました。[*15]

おそらくすべて、私刑（リンチ）として行われたものだと思われます。私刑は加害行為ですから、決して許されるものではありません。しかし、メーガン法で住所を特定できるなど、私刑をしやすい環境が整ってしまっているともいえます。このことは、アメリカでは常に問題視されています。

ジェシカ法に関しては、登録者の社会復帰に対する検証を行った研究もあります。それによると、住所登録された者のうち3分の1が日常生活に不安を、ほとんどの者が孤立、恐怖、絶望を感じていると報告されています。[16] ここから、ジェシカ法によって再犯のリスクはむしろ高まるとの指摘もあります。**どんな犯罪であれ、再犯のリスクを高める要因に「孤立」があるとわかっているからです。**小児性暴力も例外ではありません。元犯罪者には冷たい視線が向けられ、地域社会から排除されることが多いですが、性犯罪は最も卑劣な犯罪と思われていて、特にその傾向が強まります。これは、世界にある程度共通する現象のようです。

　ジェシカ法の一部として、性犯罪者の居住が制限され、特定のエリアにしか住めないことになっている州もあります。２００５年８月時点で、20を超える州と数百の自治体がこの規制を可決しました。カリフォルニア州では、学校や公園から２０００フィート（約６００メートル）以内の居住が認められなくなったことで、同州の登録性犯罪者６万７０００人のうち、ホームレスが27%増加。その結果、ホームレスの性犯罪者の数が３倍以上に増加しました。[17] ホームレスとなったなかには、生まれ育った地域を離れたり、家族と離れ離れに暮らすことを余儀なくされたりした人もいるでしょう。つながりを失い、白眼視《はくがんし》され、孤立するほど、彼らは自暴自棄になり、再犯へと背中を押されます。

再犯率は、時間とともに変わります。性犯罪および非性犯罪の再犯リスクは、犯罪後の最初の2年間に最も高かったというデータがあります。別のカナダのデータでは、小児性犯罪者が地域社会で犯罪を犯さない期間が長ければ長いほど、性犯罪を再び犯す可能性は低くなるとわかっています。[*18]

たしかに「子どもが通う学校の近くに性犯罪者が住んでいる」のを歓迎する人はいないと思います。だからといって、そこから排除すると逆効果にもなりかねないところに、三次予防のむずかしさがあります。

日本でメーガン法やジェシカ法に近い規制の導入が議論されることがありますが、そのときには〝過激〟な法律だという意見が必ず出るようです。アメリカの現状を見るかぎりでも、法律そのものだけでなく、そこから引き起こされる社会の反応まで含めて議論されなければならないと感じます。

自治体レベルでの取り組みはあり、大阪府では2012年に「大阪府子どもを性犯罪から守る条例」が施行されました。刑期満了出所した性犯罪受刑者が府内に住む場合は、住所と連絡先などを府知事に届け出ます。メーガン法やジェシカ法と違うのは、これが市民には公開されないことです。そして、元受刑者が希望すれば社会復帰支援——社会生活の悩みや心理相談などについて、専門家のサポートを受けられます。施行から2022年までのあいだに、計197件の届出がありました。福岡県でも2019年に、ほぼ同様の内容の「福岡県における性暴力を根絶し、性被害から県民等を守るための条例」が施行され、2020年5月からの約1年半で、14件が届けられました。[*19]

ここまで見てきたとおり、**厳罰化や、社会からの過度な監視、行動などの制限だけでは、三次予防として十分ではありません。**日本では三次予防として何ができるか、先んじてさまざまな対策をしている諸外国に学ぶ必要があります。

薬物で性欲を減らす方法

性犯罪者に対してあがる声のなかには、「去勢しろ」というものもあります。去勢とは、生殖能力をなくす処置を意味しているようです。それは、生殖能力とそれにつながる性的欲求がなくなれば性加害はしない、という発想からくるもので、つまりは性欲原因論――性暴力の原因は、性欲であると限定するものです。これは問題を矮小化していますし、実際に加害者の動機は支配欲や征服欲、もしくは孤独感が強いこと、自暴自棄であることが多いです。性欲原因論は、それらを覆い隠してしまうので、注意が必要です。

性欲を減退させる方法として、いま世界で行われているのは外科手術でなく、男性ホルモンを抑制する薬物療法です。欲求そのものを抑える方法としては、現時点で唯一のものであるといえるでしょう。服用して1週間ほどで男性ホルモン値は下がりますが、自覚している性的欲求は4週間ほどで低下が見られます。内服薬の場合は、服用が本人に委《ゆだ》ねられるという懸念点があります。

カナダでは薬物療法が積極的に取り入れられていますが、人権という観点から賛否両論あるようです。日本でも現状では、もし薬物療法を取り入れるのだとしても緊急的な範囲にとどめ、基本的には認知行動療法で再犯のリスクを抑えていくのが適切かつ現実的だと思います。

問題は、薬物療法にしても認知行動療法にしても、対応できるクリニックや外来が日本に数えるほどしかないことです。また現在、**性犯罪者が服役後にそれら**

の治療をとおして三次予防に取り組むことは義務化されていません。医療機関につながる人はほんのひと握りですし、今後その人数が劇的に増えていく期待もいまのところできません。

教育現場に加害者を入れない制度

三次予防が十分に講じられない現状では、性犯罪で服役し、出所した者が、いとも簡単に子どもに近づけるではないか。再び子どもに性加害をしてしまうではないか――。そんな不安を抱くのは、子をもつ親であれば当然だと思います。小児性暴力への認識が深まるほど、日本の法も社会も、子どもと、子どもを守りたい大人が安心して暮らせる設計になっていないことに気づきます。

ただ、三次予防の取り組みが何もなされていないわけではありません。2020年代に入ってから、学校現場における「**日本版DBS**」の議論がにわかに進み、2024年6月に「こども性暴力防止法」として参議院本会議で可決・成立しました。2026年度ごろの施行が予定されています。

日本版DBSをひと言でまとめると、「子どもに接する職業に就く人に性犯罪歴があるかどうか確認することを、事業者に義務づける法律」です。DBSとはイギリスの「Disclosure and Barring Service」の略称で、「前歴開示・前歴者就業制限機構」と訳されることが多いようです。LESSON 3でお話ししたとおり、子どもを性の対象とする人物はあらゆる手段を使って子どもに近づこうとします。そのなかで、「子どもにかかわる職業に就くのが最も有効である」と考えるのは、どうやら日本のペドフィリアにかぎった現象ではないようです。ドイツやフランスにも、イギリスのDBSに近い法律があります。[*20]

イギリスでは、深刻な暴力や性暴力で有罪判決を受けたことがある人、そして有罪判決がなくとも、警察から注意処分を受けたことがあるなど、子どもに危険を及ぼすと確信できる情報がある人が、子どもにかかわる職業に就くことが禁止されています。そうした人の名前が載っている「就業禁止者リスト」があり、学校などの事業者は採用の際、必ずそれを照会します。これをDBSチェックといいます。照会の結果は、事業者と就職希望者の両方に証明書として送付され、それをもとに事業者は採用の可否を判断するという仕組みです。

なお、ＤＢＳで子どもにかかわる職に就くことを禁止されている就職希望者を、性犯罪前科があると知りながら事業者が採用することは、事業者、希望者ともに刑事罰に問われるという、たいへん厳しいものです。

日本版ＤＢＳは、このイギリスのシステムを参考に、主に教育現場で実施するべく議論が重ねられてきました。この制度が始動すること自体は、大きな前進だと私も感じています。というのも、**従来は、性暴力を起こした教員が教員でありつづけることができました。**何らかの性加害をしたことが発覚し、それが理由で懲戒免職されると、教員免許も失効することになりますが、３年経てば免許の再申請・再取得が可能だったのです。そのうえで、前歴を示さないまま別の都道府県で採用され、教壇に戻るということがまかり通っていました。

その後、２０２３年に「教育職員等による児童生徒性暴力等の防止等に関する法律」が施行されました。わいせつ行為で教員免許を失った元教員が改善・更生したと認められれば、免許状を再取得できることに改められたのです[*21]。この法律の施行に先立って、文部科学省は「性暴力の可能性が少しでもある場合は、教員免許の再交付を認めない」としました。しかしながら、改善・更生の判断は誰が、どのようにするのか、その基準で正しいのかといった判断も含めて、懸念がたくさん残りました。

このような流れを受けてはじまった日本版ＤＢＳの検討でしたが、反対の声も少なくなく、議論は難航しました。反対の理由として大きかったのは、「加害者の更生を妨げる」「職業選択の自由に反する」というものです。私は公私のいろいろなところで日本版ＤＢＳについて議論してきましたが、被害者支援の専門家からもこの2点を指摘され、思わずうなってしまったことがあります。

職業選択の自由は誰もが保障されるべき権利ですし、加害者の更生とは三次予防そのものです。しかし、それらばかりを尊重するのは、簡単な言葉でいうと「バランスが悪い」と感じます。子どもにとって教育を受けることは当然の権利ですし、学校で安全に過ごすことも同様です。心身が発達段階にあり、脆弱な存在である子どもの安全性が簡単に脅かされる状況は、子どもの人権を軽視しているといわざるをえません。**子どもの人権を踏みにじったうえで成り立つ「自由」とは、認められるものでしょうか。**

同時に三次予防の観点から、日本版ＤＢＳは子どもに性加害をした当事者のためでもあると私は考えます。**子どもが身近にいる環境で働くということは、加害行為への引き金（トリガー）に囲まれているも同然で、彼らのためにもなりません。トリガーから離れることが、更生を助けます。**身体の病気でも、トリガーになるものを除去するのは治療の基本です。肺がんの人に「たばこをやめましょう」というのと同じことだと、私は考えています。

かくして施行が待たれる日本版DBSでは、小学校・中学校・高校、幼稚園や保育園が、新規の就職希望者や現職者を対象に、性犯罪歴の照会を行います。照会する先は、法務省です。それによって前科があるとわかれば、就職希望者の場合は採用しない、現職者であれば退職か、直接子どもに接しない業務への異動といった安全措置がとられます。

国の認定を受けた学童保育、学習塾、習いごとのクラブやスクール、ベビーシッターなど民間の教育・保育等の事業者にも義務づけられることになりました。認定事業者が公表されるということは、保護者が子どもをどこに通わせるか、あるいは通わせないかを選択するときの判断基準にできるということです。

施行までにクリアしておくべき点は、ほかにも残っています。日本版DBSに登録されるのは〝前科〟がある人物だけです。子どもは被害認識を持ちにくく、事件が発覚して加害者が逮捕されても、子どもの証言だけでは不起訴に終わることが多いとLESSON 5で述べました。不起訴では〝前科〟にはなりません。示談となった場合にも、加害者に〝前科〟はつきません。有罪判決にまで至らなかった加害者は、日本版DBSには登録されないということです。[*22]

施行までのあいだ、具体的な運用について一つひとつ検討されていくことになります。子どもを預ける保護者だけでなく、子どもを預かる事業者も、よりよい運用ができるよう積極的に声をあげていくことが、いま求められていると思います。このLESSON 6の冒頭で紹介した「小児性被害は100%予防可能な社会課題です。ただしそれは、社会全体で対策に取り組めば、の話です」という言葉には、そうした意味も含まれているのだと、私は確信しています。

ペドフィリアの悩みを聞く

つづいて、ピラミッドの二段目にあたる二次予防について解説しましょう。これは、性〝加害〟をさせないためのアプローチといえます。先述したように100人に1人の割合で存在するといわれるペドフィリア。子どもを性の対象とする嗜好を芽生えさせないためのアプローチは見つかっておらず、いまのところ公衆衛生学の観点からも医療の観点からも有効な手立てを提案できていません。人の欲求や関心、嗜好を矯正することは不可能です。

しかし、関心や欲求をもっているにとどまり、行動化させない＝子どもに加害させないためのアプローチは、すでに試みられています。ペドフィリアだと自覚している人のなかにも、自分を止めてほしいと思っている人はきっといるでしょう。先ほど簡単に述べましたが、**アメリカには、ペドフィリアであることに悩む人たちが電話や会話アプリで相談できる窓口があります。**ここでは有名なところとして、「Stop It Now! Helpline」（https://www.stopitnow.org/）を紹介します。子どもを巻き込む性的な考えや行動に悩む人々のために、秘密厳守の電話相談サービスを提供しています。日本では、自死をしたいという思いにとらわれた人が電話で話を聞いてもらうサービスがありますが、それと近いイメージのものです。

電話相談で性的な関心や嗜好、欲求を矯正されることはありません。「欲求を捨てろ」「治せ」といわれるようなところには、当事者はそもそもアクセスしないでしょう。電話では、当事者である彼らが心情を吐露し、相談者がそれを聞く。それだけで、彼らが自主的に行動化を思いとどまる可能性は低くないと思われます。「自分の欲望を他者に開示できる」のは、それだけ彼らにとって大きく、孤立化を防ぐのです。

日本でもこうした相談機関があればいい、と私は考えます。というのも、男性は相談を苦手とする人が多いからです。「男たるもの自分自身で解決すべし」という考えが根強く、ひとりで抱え込んでしまうのでしょう。日本では男性の自殺者数が、女性の約2倍を数えます。その数字を見るたびに私は、もし男性が何か困難を抱えていたとして、深刻になる前に「ちょっと聞いて！」と誰かに吐き出し、受け止めてもらっていたなら……と思うのです。さらに共感が示されたり、アドバイスをしてもらったりすれば、彼らは死を選ばなくて済んだ可能性すらあります。**孤独に陥るほど悩みは大きくなり、ひとりでその重みに耐えることができなくなると、人は極端な選択をしてしまいます。**

話す相手は身近な人でもいいし、専門的知識をもっている人や、聞く訓練を受けている人なら、なおいいと思います。アメリカでは電話で性の問題を開示することで、「小児性愛障害かもしれない」という情報を得られたり、病院やセラピーの紹介をされたりすることもあるようです。

こうして問題を抱えた人を、それ以上深刻な状態にならないよう社会のなかで支える仕組みは、ソーシャルサポートといわれます。私の研究のひとつに、次のようなものがあります。妊婦さんを対象に、話を聞いてくれたり、いざというときに頼ったりできる友人が何人いるかを調べ、そうした人間関係が産前産後の女性にどのような影響を及ぼすかを調査する――。実は妊婦、そして産後すぐの女性のなかにも自殺者が多いのです。妊婦とペドフィリアを一緒にするのはおかしいと思われるかもしれませんが、人が最悪の状況に陥るのを防ぐには、ソーシャルサポートが不可欠だと私は考えます。

ペドフィリアの相談先は、日本にはほぼ用意されていません。斉藤章佳さんが勤務されている榎本クリニックなど、国内にも小児性愛障害の認知行動療法を行っている機関がないわけではないのですが、いかんせん数が少ないです。しかも、加害経験のある人、逮捕経験がある人しかアクセスしてこないと聞きます。

アメリカでは近年、この二次予防に力が注がれています。それは、**性加害者が罪を犯す前に平均5〜10年間、自分の性的嗜好や衝動に悩んでいるという研究結果があるためです**。[*23]

子どもへの性的関心を自覚してからすぐに行動に出る人は、それほど多くないということです。誰だって、犯罪者にはなりたくないでしょう。5〜10年は短いとはいえない年数で、それだけ時間があれば社会の側にもできることがあるはずです。こうしたエビデンスとなる科学的データがあってはじめて、電話相談窓口を設置するなどの対策を考えることができます。

大人と子どもの密室をつくらない

「**加害者と子どもを近づけない**」のは、一にも二にも子どもを被害に遭わせないためですが、実は同時に、加害する可能性がある側のためにもなります。子どもへの性的関心や性加害の欲求があっても行動を起こさなければ、その人は犯罪者にならずに済むからです。

アメリカでは性暴力の二次予防として、「内的対策」といわれるシステムで小児性暴力の発生を防止しようという考えが広まっています。内的対策は「外的対策」とセットになったもので、後者は、すでに加害をしたとわかっている者が子どもに今後アクセスできないようにするためのシステムです。

アメリカのほとんどの州の医療現場では、子どもたちと接するすべての医療者、保健スタッフやボランティアを採用するとき、子どもに対する虐待行為をした過去がないか精査することが義務づけられています。「三次予防」としてお話しした「日本版DBS」にも通じる対策です。しかし、外的対策は不可欠のものであると同時に、これだけでは不十分でもあります。子どもに性加害をする人のなかで犯罪〝歴〟がある人は1％未満であるという報告があります。[*24]

まだ加害行為が周囲に発覚していない加害者は、外見などから「彼はペドフィリアだ」と判別できません。彼らは彼らで、必死に隠すからです。そして、虐待をした経験の有無が逮捕歴などであきらかな場合は別として、子どもに近づきたい目的を隠し持っている加害者が、正直にペドフィリアであることを自己申告するとは考えにくいです。そこで近年は、**外的対策――つまり、外から加害者が入**

ってくるのを防ぐのではなく、医療現場〝内〟で防ぐための「内的対策」が必要だという声が高まっています。

私の専門である小児医療は、子どもと日常的に顔を合わせる機会が多いだけでなく、身体接触もあります。親御さんから「この子、陰部がかゆいようです」と言われれば、陰茎や大陰唇《だいいんしん》といった外陰部を診察することになります。目で確認してはじめて、外陰部に炎症があるなどの異常をキャッチできるからです。睾丸《こうがん》が痛いと泣く子どもには、下着を脱いでもらったうえで診察します。精巣捻転《ねんてん》症という病気だったらたいへんです。発見と治療が遅れれば精巣が壊死《えし》してしまう病気なので、迅速な対応が求められます。

非常にセンシティブな場面が多いのが、小児医療です。患者が大人であれば、医師からなぜその診察が必要なのか説明することで、治療を受ける本人は理解します。けれど子どもはそうもいきません。医師が診察として行うことでも、何らかのいき違いがあれば子どもにとってはトラウマ体験となる可能性もあります。それを防ぐため、アメリカの小児科学会では内的対策についての知識などをまとめ、声明として医療者のあいだで共有しています。[*25] 小児医療に携わる人なら、一読の価値があるものです。

そこに書かれている例として、次のようなものが挙げられます。子どもの病気に側弯症《そくわんしょう》という、さまざまな原因で背骨が弯曲してしまう病気があります。早期に発見・治療しないと重大な後遺症を負うこともあるため、健康診断などではこれを見逃さないよう、肩や背中の高さを比べます。このとき、子どもを裸にしなければいけないということはありません。子どもの羞恥心への配慮が必要なので、タンクトップなどの下着で診察したほうがベターだといわれています。

外来での診察時に、子どもと保護者に検査の必要性を説明し、両方から同意を得るのは大前提です。「何のためにこうされているかわからない」のは、子どもにとって不安でしかありません。診察や検査中に衣服を脱ぐ際にはカーテンを閉めて、さらにプライバシーを守るためタオルなどで覆う必要もあります。

そして**何より大切なのは、診察中に医師と子どもだけの1対1の空間をつくらないことです。**たとえカーテン1枚でも密室はつくれるため、そうしない配慮が必要です。私も日本で診察を行うときはドアを開けるなど、プライバシーを守りつつもオープンな空間を意識していました。保護者にもカーテンのなかに入ってもらい、その場で診察の様子を見てもらいます。それだけでなく、看護師やそのほか医療スタッフにも同席してもらいます。

こうした取り組みは日本でも取り入れられていますが、すべての小児科で徹底されているかというと、そうではないでしょう。密室をつくらないことは、医療者を〝あらぬ疑い〟から守ることにもつながります。**「医師は子どもへの性暴力をしないし、できる空間もない」と、親や保護者、そして子どもに向けて表明することは、双方に大きなメリットがあり、信頼関係の構築にも貢献します。**

ここではアメリカの小児科学会の対策を紹介しましたが、こうした内的対策は子どもにかかわる全米の多くの機関で取り入れられていますし、日本でもいち早く取り組むべきです。

そのときに注意したいのは、子どもを中心に考えることです。チャイルドアドボカシーの基本です。

学習塾などでは密室をつくらないことを目的に、防犯カメラを設置しているところもあるようです。しかし、死角は必ずできるもので、加害者が死角を利用することは、LESSON 3でお話ししました。トイレに防犯カメラをつけるのはプライバシー保護の観点から不可能ですから、トイレに子どもを連れ込む加害者が出てこないともかぎりません。これでは限定的な対策に終わってしまいます。

であれば、それに加えてもうひとつ、大人と子どもがふたりきりにならない要素を加えることです。たとえば、**「保護者同伴でなければ面談しない」「面談するときには必ず講師やスタッフをもう1名同席させる」などです。**新しい設備を加えなくとも、多額のコストをかけなくとも、できることはあるはずです。

日本で二次予防への対策が遅れに遅れているのは、「小児性暴力は1件であっても起きてからではもう遅い」という認識が、社会にまだまだ足りないことのあらわれだと思います。

LESSON 7

子どもたちを守るために みんなで何ができるの？

「水を一緒に飲まない？」の同意学習

最後に、LESSON 6で取り上げた予防のピラミッドの最下段、「一次予防」についてお話ししましょう。**一次予防は、一般市民を対象にした広範な啓発です。これが予防の、まさに土台になっていると考えてください。**土台がしっかりしていてこそ、二次予防・三次予防も効力を発揮します。

予防のための啓発には、子どもに向けたものも含まれます。子ども自身が性暴力とはどういうものかを理解するということです。知っておけば避けられた被害に遭うほど、悔しいことはないでしょう。年齢が低いほど被害認識をもちにくいという話を再三にわたってしてきましたが、不快なことをされたのだと子どもなりの言葉で大人に伝えられれば、少なくとも被害が継続することは回避できますし、すぐにケアにつなげられます。不適切な関係や接触を知るには、人との適切な関係の築き方や接触の仕方についても理解しておく必要があります。

つまりこれは、性教育です。性教育が小児性暴力の予防にいかに効果的であるかは後述しますが、ここでは、大人も子どもも包括的性教育という、世界水準の性教育を受けられていない日本の現状を、みなさんと共有しておきたいです。

社会は変わらなければいけません。刑法の性犯罪規定が改正されて、小児性暴力を取り巻く現状も少しずつ前進しているとは感じます。でも、その歩みが速いとはいえず、こうしているあいだにも新たな小児性暴力の被害者が出ているであろうことを考えると、非常にもどかしい気持ちになります。

子育て中のみなさんが、「もっと具体的にできることを知りたい」と思うのは当然のことです。社会の予防が追いついていないのであれば、子どもを守る最前線に立つのは、どうしても親・保護者になります。

私は、小児性暴力の最大の防御は包括的性教育だと考えています。これは、先ほどお話しした、社会で取り組むピラミッドの一次予防にあたりますが、家庭で、いますぐにはじめられるというのも大きなメリットだと思います。

アメリカでは、性教育と性暴力予防の相関性について、エビデンスがあります。

学校ベースの性教育プログラムに関する30年間の研究218件を複合的に検証した文献レビューにより、包括的性教育は小児性暴力だけでなく、親密なパートナー間のデートDV防止にも効果があり、さらに健全な人間関係の構築、社会情動的学習の向上にも役立つことがわかりました。包括的性教育が適切に実施されれば、性暴力を含む、性の健康に関する幅広い問題に対処するのに効果的であると、結論づけられたのです。*1

日本の性教育が世界水準を大きく下回っていると私が実感したのは、渡米後に三女を通わせる保育園を探し、見学したときのことでした。ちょうど子どもたちが「同意」について知るための授業が行われていました。

当時4歳の娘も参加したところ、水が入ったコップを渡されました。それを持って教室内を歩き回り、クラスメイトに「お水を一緒に飲まない？」と話しかけるのです。それに対して、「いいよ」「一緒に飲もう」と承諾する子もいれば、「ありがとう、でも飲まない」「いまは飲みたくない」などときっぱり断る子、「この子と飲んでから、あとで一緒に飲もう」と返す子もいます。みんな自分の意志を示しつつ、「YES」と「NO」を相手にはっきり伝えていました。しかも、それができると先生が「よくできたね、自分の意志を表明するって大事だよ！」と褒めてくれるのです。

日本では、見たことのない光景でした。私自身の子ども時代をふり返っても、長女と次女の育児を思い返しても、一度もありません。昨今は**同意**あるいは**性的同意**という言葉をよく見聞きするようになりました。誰かと何かをするときに、相手がそれを積極的にしたいという意志があることを「同意」といい、その何かがセックスほか性的行為であれば「性的同意」です。同意は人と人とが関係をつくるうえでの基本なので、幼いころから身につけておくのが理想です。包括的性教育として世界中で実践されているものは、この授業のように本質的で、しかも子どもの年齢・発達に合わせてわかりやすいものなのだと、感動すら覚えました。

日本では、特に目上の人に対して「NO」を言わないように教えられます。LESSON 3でも書きましたが、「先生の言うことを聞きなさい」もそのひとつです。学校という場で先生と生徒ははっきりとした上下関係にあり、そのなかでNOの意志を示すのは特にむずかしいでしょう。けれどそれも、ある意味〝慣れ〟だと思います。というのも、アメリカの保育園の授業では、先生たちも水入りのコップを持っていたのです。「先生と飲みたい」という子もいたのですが、先生は「いまはお腹いっぱいだから、いらないよ」と答えていて、逆に先生から「一緒に飲もう」といわれた子も「自分は〇〇ちゃんと飲みたいから、先生とは飲まない」と答えていました。そうして、**「先生にもNOを言っていいのだ」「そのNOは尊重されるべきものなのだ」と実体験をもって身につけていく。**そうすると、NOを言うことに慣れていくのではないかと思わされました。

5歳から成長に合わせて性を学ぶ

性教育とは、日本では生理や避妊を中心に生殖について教えるものと思われています（実際は、それすら不十分です）。一方の包括的性教育とは、次の8つのカテゴリーに分かれています。[*2]

①人間関係
②価値観、人権、文化、セクシュアリティ

③ジェンダーの理解
④暴力と安全確保
⑤健康とウェルビーイング（幸福）のためのスキル
⑥人間のからだと発達
⑦セクシュアリティと性的行動
⑧性と生殖に関する健康

すべて、社会のなかで人とかかわりながら生きていくうえで必要なことで、私も子どもたちにいち早く身につけさせたいと心から思います。**包括的性教育では、子どもは5歳から年齢と発達に従って順次、これらを学んでいきます。**その年齢で早すぎることはありません。ＷＨＯは、正式な教育がはじまる5歳前からの、包括的性教育を推奨しています。[*3] これは、性教育は生涯にわたるプロセスであり、年齢に応じた内容が段階的に導入されるという考え方と一致しています。

日本の教育機関では、２０２２年に「生命（いのち）の安全教育」が導入されました。タイトルからはわかりにくいですが、性教育の一部として実施されているものです。〝一部〟というのは、文部科学省のホームページにも、次のように説明されているとおりです。*4

生命の尊さを学び、性暴力の根底にある誤った認識や行動、また、性暴力が及ぼす影響等を正しく理解した上で、生命を大切にする考えや、自分や相手、一人一人を尊重する態度等を発達段階に応じて身に付けることを目指すものです。

つまり、性暴力被害者にも加害者にもならないことにフォーカスした指導ということで、幼児期、小学校（低・中学年／特別支援学級）、小学校（高学年）、中学校、高校（大学、一般）向けそれぞれの教材が同ホームページで公開され、誰でも見ることができます。動画教材は、YouTubeで視聴できます。

たとえば幼児期は、「自分の身体を大事にする」「プライベートパーツ」「バウンダリー」「同意」といったことが、子どもにもわかりやすい言葉で説明されています。先に述べたように、バウンダリーとは「境界線」と訳されますが、自分と他者のあいだに引かれる線のようなものです。それを侵害されること自体が暴力的です。身体と身体の境界だけをいうのではなく、その人が触れてほしくないことに触れたり、過度な干渉をされたりといったことも、バウンダリーの侵害にあたります。相手との関係性、そのときの気持ちや状況によってバウンダリーは常に変化するものなので、お互いにその都度、確認し合うことが大事です。

ここには子ども、若年層の性被害を防ぎたいという明確なメッセージを感じます。学校で一律に学べるようになったのは画期的ですが、この指導は義務化されておらず、実践が各校に任せられている点に懸念が残ります。私はある養護教諭の方から「うちの学校では、雨が降ったときの保健体育の授業でやっています」と聞いたことがあります。それではなかなか進まないでしょう。

さらに、教材はあっても、それを使って教える側の教員の知識、理解度も問われるところです。従来行われている保健体育の授業での性教育と合わせても、包括的性教育にはまだ遠く及びません。現在、「性暴力とは人権を侵害する行為だ」というのが世界共通の理解になりつつあります。しかし日本では、先述した包括的性教育ガイダンスの「②価値観、人権、文化、セクシュアリティ」と「④暴力と安全確保」について教えられていません。そうした状況で、子どもが性暴力の本質をどれだけ理解できるのかは疑問です。ただ身を守る方法だけ知るのでは不十分ですし、危うさも感じます。

スタートしたことには一定の評価ができますが、課題を見直してブラッシュアップしていくことを願います。

出産前から家庭での性教育の準備を

そうなると、**やはり家庭での性教育が大事だということになります。**親密な関係の人――子どもにとっては、まず家族がそれにあたると思います。そのなかで人間関係の基礎を固めながら、性暴力の被害者にも加害者にもならないための、大事なことを身につけられるのだとしたら、それはすばらしいことでしょう。

過去40年間の研究24件を対象にした分析では、親に焦点を当てた小児性暴力予防の取り組みが、さまざまことの改善につながったことがわかりました。ひとつには、親の行動、意図、対応の有効性が改善され、もうひとつには、親自身の自己効力感と能力の向上、そして親の知識と態度が改善されたという報告です。まとめると、親の性教育への関心が高いと、子どもに対する性暴力予防教育も、意図をもって実施される可能性があるということです。[*5]

私が尊敬する小児精神科医であり、友人でもある内田舞さんは、現在、ハーバード大学医学部准教授、マサチューセッツ総合病院小児うつ病センター長としてアメリカで活躍されています。彼女との対談で包括的性教育の話題になったときのやり取りを紹介しましょう。

ふらいと　日本の小児科学会でも最近よく言われているのは、性の知識を教えるだけでなく、それを通じて相手の人権や同意を考えるという包括的性教育の必要性ですよね。ユニセフの提言を受けて、日本でも5歳から性教育を始めましょうという意見が出てきています。

　では何を教えるのかというと、プライベートパーツは他の人に見せてはいけない、触れさせてもいけないということ、そして相手の体に触れるときは同意が要《い》るという同意教育の必要性が言われています。とはいえ、日本ではまだ学校でも保育園でもなかなか教育が難しいところがあって、現状は家庭教育が基本ですよね。

内田　ただ、同意教育は家庭でも明日から実践できるものだと思います。自分の意見がイエスであってもノーであっても聞き入れられるという経験があれば、自分の意見を言葉にする意義が感じられる。逆に意見を言ったのに聞いてもらえないような経験が重なるごとに、自分の意思表示には意味がないという思いが積み重なってしまう。

自分の望みが叶えられるように環境に働きかけられるようになるためには、答えがイエスであってもノーであっても、それが受け入れられるという経験が多いほどいいわけで、育児中の方には、そういった経験の機会をお子さんたちに増やしてあげることを意識されてみたらいいと思います。

——「『女の子はガードが固いから、男の子を狙う』性加害者も…『ジャニーズ性加害』問題がいまだ解決しない〝日本に足りないもの〟内田舞×ふらいと『ソーシャルジャスティス』特別対談 #1」
文春オンライン2023年6月24日配信 https://bunshun.jp/articles/-/63762

内田さんは「明日から実践できる」とおっしゃっていますが、その前には、親・保護者側の準備も必要だと思います。親世代のほとんどは包括的性教育を受けていないので、教えようにも何をどうしていいかわからないでしょう。**本来なら、その準備は「子育てをする」とわかったときからはじめるべきです。**子どもの誕生〜就学前はとにかく忙しくて、腰を据えて学ぶ時間をとるのはむずかしいでしょう。出産前に母親学級、父親学級に行く人は多いですから、そこで子どもへの性教育の方法を学べる仕組みなどがあればいいと思います。

子どもの「NO」を受け止め、育てる

被害に遭いそうなときの子どもが取るべき基本行動は、「NO、GO、TELL」といわれます。NOは前述したように、相手が自分のプライベートパーツを見たり触れたり、あるいは相手のプライベートパーツを見せられたり触らせられたりしたときに、イヤだと意思表示をすることです。それでも相手がやめなければ

ば、GO＝逃げるです。そして、TELL＝親や保護者をはじめ信頼できる大人に伝える――。これら3つの行動をしてもいいんだと子どもに伝えることが重要です。アメリカの学校教育プログラムでは、危険な状況を見極める・加害者の接近を拒否する・かかわりを断つ・助けを求めるなどのスキルを、子どもに教えます。子どもの開示を促し、自責の念を減らし、傍観者を動員することが目的です。[*6]ただ、これ自体に被害を最小限にするというエビデンスがあるかというと、研究段階では実証されていないので、解釈に注意が必要です。

親が性のことを話題にするのに抵抗がある――たとえば性器の名称を口にできなければ、プライベートパーツの説明はできません。小児科の外来では「おまた」「たまたま」などと、子どもにもわかりやすいよう言い換えますし、家庭でもまずはそれでいいと思います。けれど、**子どもが知りたがったときに言い淀《よど》んだり隠したりすれば、子どもには性に対するタブー意識が伝わってしまいます。**プライベートパーツのことを理解していない子どもは、NOを言うべきときがわかりません。逃げる判断もむずかしくなります。

そして、性へのタブー意識は、子どもが性のことを家庭内で話題にしづらくなるという負の効果があります。複数の研究が、「セックスがタブーである」という認識が広まっていると、家庭で子どもたちが性についてオープンに話し合うことに対して大きな障壁を生むと、明確に示しています。[*7] 被害を受けたとき、よくわからないながら、そして言語化できないながら、「これは性的なことである」と直感している子もいます。それを親の前で話すことへの抵抗もあります。そうなると、性被害の開示は期待できないでしょう。

また、性被害だという認識のないまま、子どもが被害について言及することがあります。その訴えを聞き逃したり、取るに足らないこととして退けたり、あるいは叱ったりすると、子どもは二度とそのことについて口にしないでしょう。子どものなかで「人を信頼する」という感覚も育ちません。

子どものＮＯを受け止めるというのも、ぜひ家庭で実践してほしいことです。ＮＯを聞いてもらえないことがつづくと、子どもは「自分のＮＯには力がないんだ」「ＮＯを言っても無駄だ」と思い込んでしまいます。そんな子が、性被害に遭いそうなときにＮＯを言えるでしょうか。自分のＮＯを抑えてしまうのではないでしょうか。自分より大きくて、力のある相手にNOを言うのは、勇気がいる行為です。それは大人も同じでしょう。NOを言っても叱られたり嫌われたりしないという自信が、いざというときの力強いNOを育てます。NOへのハードルを上げるのは、子どものためになりません。

そうした意味でも、先述した同意の授業はよくできていると思います。「いま、君と水を飲みたくないんだ」「〇〇ちゃんと飲みたいから、またね」は、たしかにNOではあります。でも、「水を一緒に飲むことへのNOであって、君のことが嫌いなわけじゃない」と伝えることは子ども同士でもできるのです。

こうしてみると、**性とは日常生活のなかで知り、学び、身につけていくものだとわかります。**日常のコミュニケーションのなかで培われてこそ、いざというときに子どもは「NO、GO、TELL」を実行できるのでしょう。

現在は、子どもの性教育に役立つ本が多数出ています。親・保護者が読んで学べる本もあれば、幼児が大人と一緒に読める絵本や、思春期の子どもに「これ、読むといいよ」と渡せる本もあります。巻末に、役立ち情報をまとめます。

おわりに

本書を締めくくるにあたり、まずは最後まで読んでいただいたことへの感謝をお伝えしたいです。子どもを守りたいという気持ちから手に取ってくださったのだと思いますが、読みながら苦しい気持ちになった方もいるでしょう。小児性暴力が〝よくある〟ということは、現在お子さんを育てているみなさんのなかにも当然、被害経験のある人が少なからず含まれていることを意味します。それを押して読み進められた方たちに敬意を表します。そして、そんなみなさんと、日本における小児性暴力の現状を共有できたことを、たいへん心強く感じています。

私は2024年夏、アメリカに移り住みました。現在はカリフォルニア州で、小児医療と公衆衛生学の研究に打ち込む日々を送っています。小児性暴力についても、施設を見学したり、専門家にヒアリングをしたり、文献を読んだりして、アメリカの最前線を吸収したいと思っています。

そうした活動以前に、娘3人の子育てをとおして肌で感じることがあります。それぞれ中学校、小学校、幼稚園（プレスクール）に通っていますが、日本の子どもを取り巻く環境とは大きく異なっていると感じさせられることが多いです。そのひとつとして、LESSON 7の終わりで「同意教育」を紹介しました。

子どもの人権を守るにはどうすればいいのか。私はこのことを日本でもずっと考えてきました。どうしたらもっと、チャイルドアドボカシー（子どもの権利を擁護すること）がいきわたるのか。アメリカで子育てをして思うのは、大人の〝気持ち〟だけでは足りないということです。子どもには健やかに成長してほしい――国や人種、文化を問わず多くの親がそう願っています。しかし、それを実現するためのシステムが社会になければ、いくら気持ちが強くても、子どもとその権利を守れないことがあります。

アメリカの学校では、児童がおしゃべりのなかで「昨日、親戚のおじさんがうちに来たんだけど、私のこと叩いたんだよ」とこぼすと、それを耳にした担任教師は、虐待が疑われるとして、24時間以内に校長に報告しなければなりません。報告したあと、担任はその件から手を引き、通常業務に戻ります。児童をスクールカウンセラーにつないだり、警察に通報したりするのは、校長の仕事です。

子どもの声を聞き逃さない、放置しないというのは、虐待や性暴力を未然に防ぐため、継続させないために重要です。仮に、その教師が子どもの人権や小児性暴力に関心も知識もない場合でも、それを報告するシステムが機能していれば、子どもの声は校長へと届けられ、放置されずに済みます。また、担任がすぐにこの件を手放し、意思決定権のある人や専門性が高い人に委ねている点も見逃せません。日本では、担任ひとりで30～40人もの児童・生徒の学校生活、および私生活のすべてを担うことが多く、心身の余裕がまったくない状態だと、頻繁に報道されています。そんな状況下では、子どもの小さな声を聞き逃したり、聞こえてもたいしたことではないとやり過ごしたりすることが、容易に想像できます。

次女が通う小学校では、スクールカウンセラー2名のほか、スクールポリスも常駐しています。子どもが何らかの被害に遭えばすぐに対応し、子ども同士のことでも「ふざけ合い」「やられた子の気にしすぎ」などと、なあなあにせず、暴力や傷害として扱います。ほかにも、健康や安全についての専門家が学校教育に多数かかわり、それぞれの領域がはっきりしていながらも、互いに連携しています。アメリカでは、少なくとも学校という場においては、「子どもファースト」が徹底されていると感じました。

本篇でも紹介しましたが、「小児性被害は社会全体で対策に取り組めば100%予防可能」といわれており、私も全面的に同意します。社会全体の取り組みには、「小児性暴力を許さない」「どの子も被害に遭わせない」という想いが不可欠です。しかし日本の現状では、親御さんや子どもを大切に思う個人の気持ちに頼りすぎていることは否定できないでしょう。子どもの声を漏らさずに聞き、人権を守るためのシステムや、その根拠となる法や制度が早急に整えられなければなりません。想いとシステムを両輪として動かしていくことこそが、チャイルドアドボカシーになり、小児性暴力撲滅につながると私は理解しています。

他国の先進的な取り組みや、そこに至るまでの紆余曲折《うよきょくせつ》を知ることで、日本での小児性暴力撲滅に還元できることはたくさんあるはずです。アメリカでしっかり勉強し、日本に持ち帰るので、期待していてください。

2024年秋　今西洋介

子どもを守るアプリ&サイト&本

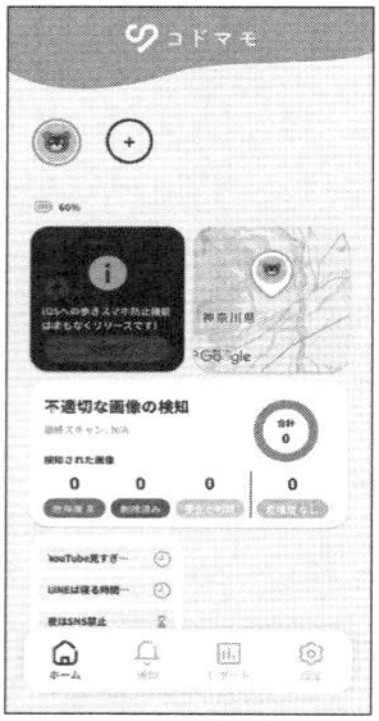

コドマモ

愛知県警、藤田医科大学などが連携して開発した“子どもを守る”ためのアプリで、本書の著者・今西洋介が公式アドバイザーを務める。親子それぞれのスマホにアプリをインストールし、連携させておくと、子どもが性的な写真を自撮りしたものをAIが自動検知。子どもに削除を促しつつ、親にも通知を送る「性的自撮りブロック」機能がある。ほかに、子どもがチャットで知らない人とやり取りをしていたり、いじめや中傷を受けていたりするのをAIが感知し、親に通知を送る「危険なチャットお知らせ機能」などがあり、近年増加しているデジタル性犯罪に子どもが巻き込まれるのを未然に防ぐ機能が満載。オンライングルーミングでは加害者が、服を着た写真、下着の写真……と段階を踏んで露出度をあげるよう要求してくることがあるが、搭載されているAIでは全裸だけでなく、下半身、胸部、性器など部分的なカットであっても判定可能。カメラアプリの種類を問わず、すべてのアプリに対応する。

THYME(タイム)

もし性被害に遭ってしまったら……。考えたくもないことではあるけれど、対応の迅速さ次第で、その後の回復が大きく左右されることもある。被害の内容によってとるべき行動をアドバイスしたり、支援機関や警察などに行くときのために必要な情報をまとめるのをサポートしたり、親子とも冷静になるのがむずかしい状況を支えてくれる。

デジポリス

警視庁が開発した防犯アプリ。地図上に過去1カ月の不審者情報などを表示する「見守り防犯活動パトロール機能」や、防犯情報の掲載など充実した内容だが、特筆すべきは「痴漢撃退機能」。被害に遭ったときに、画面に「痴漢です　助けてください」と表示させ、声を出すことなく、周囲の人に見せて助けを求めることができる。

『だいじ だいじ どーこだ？』

遠見才希子（作）、
川原瑞丸（絵）／大泉書店

産婦人科医であり、全国の学校で性教育講演を行う著者が、自身の２歳の子どもにプライベートパーツを教える気持ちで制作。プライベートパーツを学ばせつつ、身体のすべてが自分のもので、大事にしたいという感覚を養っていく。家庭での性教育の、最初の１冊としてふさわしい。「NO! GO! TELL!」（LESSON 7）についても紹介。

『おしえて！ くもくん プライベートゾーンってなあに？』

小笠原和美（監修）、
サトウミユキ（制作）、
MASUMI（企画）／東山書房

友だち同士で遊んでいると、ふざけてパンツを下ろす子がいた。そんな“よくある出来事”からはじまり、くもくんが性について知っておきたい大事なことや、プライベートゾーンについて教えてくれる。LESSON 7で紹介した「生命の安全教育」にも使えるよう、出版社のホームページでさまざまな特典が用意されている。

『セイシル 知ろう、話そう、性のモヤモヤ 10代のための性教育バイブル』

セイシル製作チーム
KADOKAWA

中高生から寄せられる“性のモヤモヤ”に、産婦人科医や泌尿器科医など専門家が回答するサイトの書籍化だけあり、10代の子どものリアリティに寄り添っている。デートDV、性的同意、デジタル性暴力など、今後、人と関係を築くうえで必要な知識が詰まっている。

『言えないことをしたのは誰？』

さいきまこ
現代書館

中学校に養護教諭（保健室の先生）として勤める莉生は、あることを機に、校内で教師から女子生徒への性暴力が行われていると知る。子どもへのグルーミング、セカンドレイプ、被害後のPTSDなどが、ストーリーに凝縮され、「身近でもあるかも」という気づきにつながる。上下巻あり。

『おうち性教育はじめます 一番やさしい！ 防犯・SEX・命の伝え方』

村瀬幸浩、フクチマミ
KADOKAWA

3～10歳の子をもつ親に向け、家庭でどのように「性の話」を伝えるかを提案。性について知ることは、性暴力の被害者にも加害者にもならないだけにとどまらず、家族や友だち、周囲の人と豊かな人間関係を築くことにもつながる。10～18歳向けの「思春期と家族編」もあり。

『産婦人科医 宋美玄先生の 女の子の体 一生ブック』

宋美玄（監修）、
のはらあこ（漫画）／小学館

女の子が思春期を迎える前に読みたい１冊。女性の生涯に起きうる心身の変化を知ることができ、親世代の学び直しにもなる。セクシュアル・リプロダクティブ・ヘルス／ライツ（性と生殖に関する健康と権利）の考えにもとづいているため、体の自己決定権からセクシュアリティまで、「自分ごと」として読める。

主要参考文献

・齋藤梓、大竹裕子『性暴力被害の実際』金剛出版、2020年
・森田ゆり『トラウマと共に生きる』築地書館、2021年
・『季刊セクシュアリティ』103号、特集「包括的性教育をすすめるためのキーワード63」水野哲夫ほか著、エイデル研究所、2021年
・合同出版編集部編『わたしは黙らない 性暴力をなくす30の視点』合同出版、2021年
・藤森和美・野坂祐子編『子どもへの性暴力［第2版］その理解と支援』誠信書房、2023年
・『チャイルドヘルス』2023年9月号、特集「知ってる？ 子どものアドボカシー」伊藤健太編、診断と治療社
・宮﨑浩一、西岡真由美『男性の性暴力被害』集英社新書、2023年
・『チャイルドヘルス』2023年 11月号、特集「子どもへの性虐待・性暴力〜子どもを性被害から守るには〜」山田不二子編、診断と治療社
・斉藤章佳『子どもへの性加害 性的グルーミングとは何か』幻冬舎新書、2023年

註記

LESSON 1

＊1 Barth J. Int J Public Health 2013;58(3):469-483.

＊2 埼玉新聞ウェブ版２０２４年1月17日配信「性的暴行…乳児施設で2歳以下の女児に 元職員の男を再逮捕、スマホで撮影していた 写真をＳＮＳに投稿し発覚 ほかの施設にも勤務、女児20人以上の動画発見『意味は理解したが黙秘します』と語る25歳」https://www.saitama-np.co.jp/articles/63109

＊3 厚生労働省 令和２年度 子ども・子育て支援推進調査研究事業「潜在化していた性的虐待の把握および実態に関する調査」https://www.mhlw.go.jp/content/11900000/01report01.pdf

＊4 Hermann B, et al. Dtsch Arztebl Int. 2014;111(41):692–703.

＊5 Holmes WC, et al. JAMA 1998;280(21):1855-62.

＊6 Romano E, et al. Aggress Violent Beh. 2001;6(1):55–78.

＊7 内閣府男女共同参画局「男女間における暴力に関する調査（令和２年度調査）」報告書〈概要版〉https://www.gender.go.jp/policy/no_violence/e-vaw/chousa/pdf/r02danjokan-gaiyo.pdf

＊8 Singh MM, et al. Journal of Family Medicine and Primary Care 2014;3(4):430–435.

＊9 Wihbey J. The Journalist's Resource 2011.

＊10 ＮＨＫみんなでプラス２０２２年5月27日配信「性暴力を考えるvol.172 性暴力アンケート 38,383件の回答が寄せられました」https://www.nhk.or.jp/minplus/0026/topic059.html

＊11 斉藤章佳『小児性愛という病――それは愛ではない』ブックマン社、２０１９年

＊12 Yahoo!ニュース エキスパート２０２３年6月28日配信、小川たまか「注目度低くても重要『わいせつな挿入行為の取り扱いの見直し』の意義」https://news.yahoo.co.jp/expert/articles/1982a4fea6732d91535c84ea8219154d2939f0a4

＊13 Boumpa V, et al. Eur Child Adolesc Psychiatry 2024;33(6):1653-1673.

＊14 神奈川県中央児童相談所「神奈川県児童相談所における性的虐待調査報告書（第５回）」（令和５年３月）https://www.pref.kanagawa.jp/documents/15797/file4.pdf

＊15 Kogan SM. Child Abuse Negl 2004;28(2):147–65.
＊16 Priebea G, et al. Child Abuse Negl 2008:32;1095-108.
＊17 政府広報オンライン２０２４年９月10日配信「こどもを性被害から守るために周囲の大人ができること」https://www.gov-online.go.jp/article/202312/entry-5240.html
＊18 一般社団法人Spring「性被害の実態調査アンケート 結果報告書①～量的分析結果～」（２０２０年）http://spring-voice.org/news/200809survey_report/
＊19 Elliot DM, et al. J Trauma Stress 1995;8(4):629-47.
＊20 Chu JA, et al. Am J Psychiatry 1999;156(5):749-55.
＊21 Williams LM, J Consult Clin Psychol 1994;62(6):1167-76.
＊22 一般社団法人Spring「見直そう！ 刑法性犯罪～性被害当事者の視点から～」２０１８年10月発行 http://spring-voice.org/wp-content/themes/theme-bones-master/library/pdf/sexcrime.pdf
＊23 Butler AC. Child Abuse Negl 2013;37(9):643–52.
＊24 産経新聞ウェブ版２０２３年２月16日配信「『話したら殺す』と脅し女児に性的暴行 消えぬ怒りと後悔…祖母が苦しみ語る」https://www.sankei.com/article/20230216-TVXOOTU7ANPD3FRZ3XUCCWMBPU/
＊25 Perez-Fuentes G, et al. Compr Psychiatry. 2013;54(1):16–27.

LESSON 2

＊1 Hermann-Gibbens ME: Arch Pediatr Adolesc Med 1994;148:195-200.
＊2 Adams JA, et al. Journal of Pediatric and Adolescent Gynecology 2018;31(3):225-231. ／ Adams JA, et al. Pediatrics 1994;94(3):310-317.
＊3 Kendall-Tackett KA, et al. Psychol Bull 1993;113(1):164-80.
＊4 Beitchman JH, et al. Child Abuse Negl 1992;16(1):101-18.
＊5 Kessler, R, C et al.(2017). European Journal of Psychotraumatolgy, 8.
＊6 ＮＨＫみんなでプラス２０２２年５月27日配信「性暴力を考えるvol.172 性暴力アンケート 38,383件の回答が寄せられました」https://www.nhk.or.jp/minplus/0026/topic059.html

＊7　Xian-Yu CY, et al. J Affect Disord 2022:308:502-511.
＊8　Dube SR, et al. Am J Prev Med 2005;28(5):430-8.
＊9　Irish L, et al. J Pediatr 2010;35(5):450-461.
＊10　Wong KE, et al. Brain Behav Immum Health 2022:25:100-516.
＊11　Moller A, et al. Acta Obstet Gynecol Scand 2017;96(8):932-938.
＊12　法務省「性犯罪に関する施策検討に向けた実態調査ワーキンググループ（第８回）」（２０１９年）https://www.moj.go.jp/content/001305834.pdf
＊13　8. Hughes K, et al. Lancet Public Health 2017;2(8);E356-366.
＊14　Alhowaymel FM, et al. Int J Environ Res Public Health 2023;20(2):1651.
＊15　三谷はるよ『ＡＣＥサバイバー――子ども期の逆境に苦しむ人々』ちくま新書、２０２３年、p.52
＊16　Bellis MA, et al. Public Health 2015;37:445-454. ／ Anda RF, et al. Eur Arch Psychiatry Clin Neurosci 2006;256:174-186.
＊17　Blanco L, et al. Neurosci Biobehav Rev 2015;57:63-9.
＊18　Edwards EP, et al. Dev Psychopathol 2006;18(2):395-407.
＊19　Zolkoski SM. Prev Sch Fail Altern Educ Child Youth 2019;63(3):236-241.
＊20　Kotchick BA, et al. MarriageFam 2005;67(2):448-460.

LESSON 3

＊1　Diagnostic and Statistical Manual of Mental Disorders, Fifth Edition,Text Revision (DSM-5-TR).American Psychiatric Association Publishing, Washington, DC.
＊2　Abel GG, et al. Annals of sex research 1987;42:42:135-152.
＊3　Tenbergen G, et al. Front Hum Neurosci 2015;9:344.
＊4　Santtila, P., et al. Journal of Child Sexual Abuse 2015;24:115–134.
＊5　MailOnline ２０１５年３月３日配信「Father admits raping his own two-month-old son and uploading video footage of the assault to a Norwegian paedophile ring」https://www.dailymail.co.uk/news/article-2977632/Father-

admits-raping-two-month-old-son-uploading-video-footage-assault-Norwegian-paedophile-ring.html
＊6 ＢＢＣウェブ版２０２３年10月24日配信「Manchester man who arranged to rape 12-week-old baby jailed」https://www.bbc.com/news/uk-england-manchester-67208009
＊7 E Quayle, et al. Sexual Abuse: A Journal of Research and Treatment 2011;23:7–21.
＊8 Greenberg DM, et al. Journal of the American Academy of Psychiatry and the Law 1995;23:63–71.
＊9 毎日新聞ウェブ版２０１４年５月９日配信「続報真相 シッター事件、母の悔い『いつもそばにいて、私を支えてくれたのに』」https://mainichi.jp/articles/20140509/org/00m/040/999000c
＊10 ビジネスインサイダー２０２０年６月４日配信、中野円佳「シッターが預かり中の『わいせつ容疑で逮捕』の衝撃、キッズラインの説明責任を問う」https://www.businessinsider.jp/post-214061／ビジネスインサイダー２０２０年６月10日配信、中野円佳「【独自】キッズライン、別のシッターによる性被害の証言。突然の男性活動停止の背景に」https://www.businessinsider.jp/post-214434
＊11 Burns JM, et al. Archives of neurology 2003;60(3):437-440. ／ Schiffer B, et al. Translational Psychiatry 2017;7(5):e1129.
＊12 Langevin R, et al. Journal of forensic psychology practice 2010;10(3):177-200.
＊13 the Children's Breau, Child Maternal Report 2013. https://www.acf.hhs.gov/archive/cb/report/child-maltreatment-2013（２０２４年10月７日最終閲覧）
＊14 まいどなニュース２０２２年６月４日配信、竹内章「『あの人、おかしい』トイレ横のベンチに１時間　女児を目で追う男　確信した私服警備は」https://maidonanews.jp/article/14632626
＊15 Braga AA, et al. Campbell 2019;15(3):e1046.
＊16 Falkenbach DM, et al. Sex Abuse 2019;31(5):524-542.
＊17 ＢＢＣウェブ版２０１８年２月１日配信「Larry Nassar case: USA Gymnastics doctor 'abused 265 girls'」https://www.bbc.com/news/world-us-canada-42894833
＊18 Deutsche Sportjugend. Safe Sport 2016.
＊19 SmartFLASH ２０２３年４月16日配信「【独自】セントラルスポーツ水泳指導員が『３歳女児』に強制わいせつで逮捕！父親が悲憤「娘はトイレを怖がるように」」https://smart-flash.jp/sociopolitics/231262/1/1/
＊20 週刊文春２０１７年４月27日号「リンちゃん殺害 凌辱鬼 渋谷恭正（46）の素性」

＊21 Paquette S, et al. Int J Offender Ther Comp Criminol 2023;67(6-7):591–617.
＊22 文春オンライン２０２３年５月９日配信「ジャニー氏は地方公演で13歳のジュニアを襲った『涙が止まりませんでした』元ジュニアの橋田康氏（37）が実名・顔出しで告白」https://bunshun.jp/articles/-/62710

LESSON 4

＊1 Chauvire-Geib K, et al. Trauma Violence Abuse 2024;25(2):1335-1348.
＊2 Finkelhor D, et al. JAMA Network Open 2022;5(10):e2234471.
＊3 Lister VPM, et al. Sex abuse 2024;36(3):320-348.
＊4 IT media NEWS ２０２３年５月18日配信「〝13歳少女〟のなりすましｂｏｔで、子供狙う大人の動向を検証 ほとんどがＷｅｂカメラへ誘導」https://www.itmedia.co.jp/news/articles/2305/18/news065.html
＊5 Brown S, Key messages from research on child sexual abuse by adults in online contexts. 2023. https://www.csacentre.org.uk/research-resources/key-messages/key-messages-from-research-on-child-sexual-abuse-by-adults-in-online-contexts/（２０２４年10月８日最終閲覧）
＊6 モバイル社会研究所サイト２０２４年１月29日配信「小中学生のスマホ所有率上昇　調査開始から初めて小学校高学年で４割を超す」https://www.moba-ken.jp/project/children/kodomo20240129.html
＊7 TOKYO MX+ ２０２４年１月15日配信「武蔵野市 男児がタブレットで着替え盗撮 文科大臣『学校と教育委が適切に対応を』」https://s.mxtv.jp/tokyomxplus/mx/article/202401151040/
＊8 ＊５と同
＊9 Stanford University Internet Observatory Cyber Policy Center. Cross-Platform Dynamics of Self-Generated CSAM. 2023. https://purl.stanford.edu/jd797tp7663（２０２４年10月８日最終閲覧）
＊10 Tansa ２０２２年11月14日より配信中「誰が私を拡散したのか」シリーズ　https://tansajp.org/investigativejournal_category/kakusan/
＊11 Kim Hyejin. Journal of Digital Convergence 2020;18(8):85-95.
＊12 LOI n° 2018-703 du 3 août 2018 renforçant la lutte contre les violences sexuelles et sexistes (1). https://www.legifrance.gouv.fr/jorf/id/JORFTEXT000037284450

＊13 弁護士ドットコムニュース２０２３年４月15日「大山加奈さん、中学時代からの『アスリート盗撮』被害告白『問題を知ってもらうことが重要』」https://www.bengo4.com/c_23/n_15900/

LESSON 5

＊１ ユニセフ「子どもの権利条約 子ども向け学習サイト」https://www.unicef.or.jp/crc/kodomo/#lesson01

＊２ American Academy of Pediatrics 2018. AAP Policy Statement: How Pediatricians Can Advocate for Children's Health by Collaborating with Public Health Professionals. https://www.healthychildren.org/English/news/Pages/How-Pediatricians-can-advocate-for-childrens-health-collaborating-with-public-health-professionals-policy.aspx（２０２４年10月９日最終閲覧）

＊３ NwoguNN, et al. JBI Database System Rev Implement Rep 2016;13(12):93-129.

＊４ note ２０２４年８月１日配信、性暴力救援センター・大阪 ＳＡＣＨＩＣＯ の存続と発展を願う会「性暴力救援センター・大阪ＳＡＣＨＩＣＯ存続のための全国署名にご協力ください！」https://note.com/sachico_seigan/n/n1f0f28a60ec3

＊５ しんぶん赤旗ウェブ版２０２１年７月30日配信「性暴力被害者ワンストップ支援センター運営費に国の予算不足 ４年間で３億円近くも」https://www.jcp.or.jp/akahata/aik21/2021-07-30/2021073001_03_0.html

＊６ 内閣府男女共同参画局「薬物やアルコールなどを使用した性犯罪・性暴力に関して」https://www.gender.go.jp/policy/no_violence/dfsa/index.html

＊７ Goodman GS, et al. Monogr Soc Res Child Dev 1992;57(5):1-142; discussion 143-61.

＊８ Quas JA, et al. Monogr Soc Res Child Dev 2005;70(2):1-128.

＊９ Erens B, et al. Front Psychol 2020;11:546187.

＊10 飛田桂「子どもの性被害への対応に関する実態調査」２０２１年３月22日 https://www.moj.go.jp/content/001345135.pdf

＊11 中日新聞ウェブ版２０２０年12月22日配信「12歳長女に強姦、逆転有罪 東京高裁判決」https://www.chunichi.co.jp/article/174202

＊12 東京新聞２０２４年３月13日朝刊「性虐待を受けた子どもを支える『ＣＡＣ』とは 児相・警察・検察・医療の

面接を一度に まだ全国で２カ所だけ」／厚生労働省「司法面接・系統的全身診察を検討中の皆様へ」https://www.mhlw.go.jp/content/11907000/000687110.pdf

LESSON 6

＊１ YouTubeチャンネル「TEDMED」２０１７年９月13日公開「Child sexual abuse is preventable, not inevitable」https://youtu.be/h2iV3Gf0lVA?si=BKBN1ZwE8_elaxq-
＊２ Baeza RI, et al. Int J Environ Res Public Health 2022;19(2):777.
＊３ Fujiwara T, et al. International Journal of Mental Health Systems 2016;10(13):1-7.
＊４ Australian government. Reoffending among child sexual offenders Trends & issues in crime and criminal justice 2021;628.
＊５ Hanson RK, et al. J Consult Clin Psychol 1993 Aug;61(4):646-52.
＊６ 法務省「令和５年版再犯防止推進白書（令和４年度再犯の防止等に関する施策）」第１章 https://www.moj.go.jp/content/001413998.pdf
＊７ 法務省「平成27年版 犯罪白書～性犯罪者の実態と再犯防止～」第６編第４章第５節３ https://hakusyo1.moj.go.jp/jp/62/nfm/n62_2_6_4_5_3.html
＊８ 法務省「令和５年版再犯防止推進白書（令和４年度再犯の防止等に関する施策）」第５章第１節 https://www.moj.go.jp/content/001414003.pdf
＊９ ＊８と同
＊10 Confederation of European Probation. The Recent Development in Korean Electronic Monitoring 2022. https://www.cep-probation.org/the-recent-development-in-korean-electronic-monitoring/（２０２４年10月９日最終閲覧）
＊11 Vasquez BE. Sage Journals 2007:52(2).
＊12 Sandler J, et al. Psychol Public Policy Law 2008;14(4):284–302.
＊13 CBC Newsウェブ版２００６年４月20日配信「Maine murders prompt call for registry change」https://www.cbc.ca/news/canada/nova-scotia/maine-murders-prompt-call-for-registry-change-1.578279
＊14 NBC NEWSウェブ版２００７年９月15日配信「Police: Vigilante justice led to unintended death」https://www.

nbcnews.com/id/wbna20780983
＊15 Fox Newsウェブ版２００７年９月９日配信、２０１５年１月13日更新「Autopsy conducted in beheading of sex offender」https://www.foxnews.com/story/autopsy-conducted-in-beheading-death-of-sex-offender
＊16 Levenson JS, et al. J Contemp Crim Justice 2005;21(1):49–66.
＊17 AP News ２０１７年７月29日配信「California seeks to solutions to homeless sex offender rate」https://apnews.com/general-news-8f4e6d9a4a0d4041b47f4d5269bf28f1（２０２４年10月９日最終閲覧）
＊18 Andrew J. Public Safety and Emergency Preparedness Canada Sex Offender Recidivism: A Simple Question 2004-03.
＊19 法務省「令和４年版再犯防止推進白書（令和３年度再犯の防止等に関する施策）」第１節２ https://www.moj.go.jp/hisho/saihanboushi4/r04/html/nt112000.html
＊20 こども家庭庁「こども関連業務従事者の性犯罪歴等確認の仕組みに関する有識者会議（第１回）」配布資料１「イギリス・ドイツ・フランスにおける 犯罪歴照会制度に関する資料」２０２３年６月27日https://www.cfa.go.jp/assets/contents/node/basic_page/field_ref_resources/aceeb993-95c7-4465-9db7-3753b9e6694b/6c3b5bff/20230627_councils_kodomokanren-jujisha_%20x2UksA0k_08.pdf
＊21 文部科学省「教育職員等による児童生徒性暴力等の防止等に関する法律（令和３年法律第57号）概要」https://www.mext.go.jp/content/20240718-mxt_kyoikujinzai01-000011979_04.pdf
＊22 認定ＮＰＯ法人フローレンスサイト２０２４年３月29日配信「成立間近の『日本版ＤＢＳ』を徹底解説！フローレンスの政策提言がついに実現へ #STOP子どもの性被害」https://florence.or.jp/news/2024/03/post68502/
＊23 Knack N, et al. New Orleans, LA: Paper presented at the 69th annual meeting of the American Academy of Forensic Sciences 2017／Piché L, et al. Sexual Abuse: A Journal of Research and Treatment 2018;30:63–81.
＊24 Staley C Jr, Ranck E, et al. Child Care Inf Exch 1986;(Jan):22–26.
＊25 Laskey A, et al. Pediatrics 2022;150(3):e2022058879.

LESSON 7

＊1 Galdfarb ES, et al. J Adolesc Health 2021;68(1):13-27.

＊２　ユネスコ編、浅井春夫・良香織・田代美江子・福田和子・渡辺大輔訳『国際セクシュアリティ教育ガイダンス【改訂版】――科学的根拠に基づいたアプローチ』明石書店、２０２０年

＊３　WHO. Comprehensive sexuality education (2023). https://www.who.int/news-room/questions-and-answers/item/comprehensive-sexuality-education（２０２４年10月11日最終閲覧）

＊４　文部科学省サイト「生命の安全教育」https://www.mext.go.jp/a_menu/danjo/anzen/index2.html

＊５　Rudolph JI, et al. Trauma Violence Abuse 2024;25(1):560–576.

＊６　Finkelhor D. Future Child 2009;19(2):169-94.

＊７　Bennet C. J Res Nurs 2019;24(1):22-33. ／Ndugga P, et al. BMC Public Health 2023;23(1):678.

今西洋介 いまにし・ようすけ

新生児科医・小児科医、医学博士（公衆衛生学）、小児医療ジャーナリスト、一般社団法人チャイルドリテラシー協会代表理事。1981年、石川県金沢市生まれ。国内複数のNICUで診療を行う傍ら、子どもの疫学に関する研究を行っている。また、「ふらいと先生」の名でSNSを駆使し、小児医療・福祉に関する課題を社会問題として提起。エビデンスにもとづく育児のニュースレターを配信している。3姉妹の父親。趣味はNBA観戦。現在は米ロサンゼルス在住。著書に『新生児科医・小児科医ふらいと先生の子育て「これってほんと？」答えます』（監修、西東社）。

小児科医《しょうにかい》「ふらいと先生《せんせい》」が教《おし》える
みんなで守《まも》る子《こ》ども性被害《せいひがい》

2024年12月10日　第1刷発行

著　者　**今西洋介《いまにしようすけ》**

発行者　**岩瀬 朗**

発行所　**株式会社 集英社インターナショナル**
〒101-0064 東京都千代田区神田猿楽町1-5-18
電話　03-5211-2632

発売所　**株式会社 集英社**
〒101-8050 東京都千代田区一ツ橋2-5-10
電話　03-3230-6080（読者係）
03-3230-6393（販売部）書店専用

印刷所　**大日本印刷株式会社**

製本所　**株式会社ブックアート**

ISBN978-4-7976-7456-9 C0036